트라이포드 스트래티지

신준철

박영사 ○●서강비즈니스북스
SOGANG BUSINESS BOOKS

머리말

제품 트렌드가 빠르게 변화하고 고객 니즈가 세분화되며 온라인 마켓의 활성화로 인해 소비자가 손쉽게 제품 정보를 취득 및 비교할 수 있는 상황에서, 기업들은 신제품을 과거보다 신속하게 출시해야 하는 동시에 시장에서의 성공률을 높여야 하는 문제에 봉착하게 되었다.

기존의 신제품 개발 방법은 성공률의 제고를 위해 시장 관련 활동 등을 통해서 고객 니즈를 제품 개발에 반영하고자 하였으나, 추가적인 비용과 시간 소모 및 방대한 자료 제작 등의 어려움에 봉착하였다.

상생적 신제품 개발 방안(Tripod Strategy)은 제한된 예산과 소수의 인력을 사용해서 고객 니즈에 정확하게 부합하는 신제품을 기존 개발 모델보다 신속하게 개발할 수 있으며, 브랜드, 유통 채널 및 OEM 제조업체 간의 유기적 협력과 인사이트 공유를 통해서 효율적인 제품 개발 및 높은 초기 성공률을 담보한다. 브랜드는 진입할 인접 시장과 독점 유통 채널 및 OEM 제조업체를 선정하고 디자인 개발 및 초기 투자를 진행하여 전체 개발을 주도한다. 독점 유통 채널은 확장 제품에 대한 전반적인 정보를 제공하고 개발 제품의 사양 및 디자인 결정에 주도적 역할을 하며, 초도 물량 개런티를 포함해 제품의 유통과 판매를 담당한다. OEM 제조업체는 제공받은 디자인과 사양에 맞는 제품을 개발해서 한국 시장에 독점으로 공급하고, 제품 품질 및 사후 서비스 보장과 더불어 지속적인 제품 개선을 담당한다.

상생적 신제품 개발 방안은 브랜드, 유통 채널 및 OEM 제조업체의 협력을 극대화하기 위한 아이디어 창출/인접 시장 탐색, 채널 및 OEM 탐색/평가/선정, 제품 콘셉트와 디자인 개발 및 사업성 분석, 채널 및 OEM과 공동 개발, 시장 출시, 출시 후 관리의 차별화된 6단계 개발 프로세스를 가지고 있으며, 각 단계에서 고려되고 반영되어야 하는 특성과 조건, 기회 및 위협 요인, 안정화 전략으로 구성되어 있다.

상생적 신제품 개발 방안은 브랜드, 독점 유통 채널 및 OEM 제조업체가 서로의 니즈를 충족시키기 위해 협력하는 과정에서, 제품 개발의 효율성과 효과성을 담보하는 프로세스이다. 이는 특정 시장에서 높은 점유율을 가진 브랜드가 인접 시장으로 확장하기 위해서 사용할 수 있는 투입 비용 대비 효과적인 신제품 개발 방안이고, 유통 채널 입장에서는 새로운 시장 진입 브랜드와 협력해서 자사가 원하는 모델을 개발하고 독점 유통을 통해 성장할 수 있는 기회이며, OEM 제조업체는 신규로 한국 시장에 진출해서 새로운 고객을 확보하고 앞선 디자인 및 사양에 대한 정보를 획득할 수 있는 계기이다.

이 책을 통해서 자원이 부족한 상황에서 신제품을 개발해야 하는 많은 브랜드 담당자와 공통 모델 판매로 인해 자율성과 주도성이 제한된 현실을 타개하고자 하는 유통 채널 및 새로운 시장을 개척하고자 하는 OEM 제조업체에게 새로운 신제품 개발 기회를 제공하기를 기대한다.

이 책이 나오기까지 많은 가르침을 주신 서강대학교 장영균 교수님, 전성률 교수님과 김주영 교수님께 감사의 말씀을 드린다. 또한 신제품의 개발과 시장 안착에 도움을 주신 3M의 선후배분들과 협력업체분들께도 사의를 표한다. 끝으로 언제나 힘이 되어주는 아내와 부족한 자식의 가능성을 끝까지 믿어 주신 부모님께 이 책을 바친다.

2025년 1월
저자 신준철

추천사

플랫폼 기반 비즈니스, 인공지능의 광범위한 활용이 만들어내는 시장의 변화가 심상치 않다. 그 결과 산업 간의 경계가 허물어지고 있고, 특히 전통적인 제조업은 유례없는 큰 위기를 맞이하고 있다. 이러한 엄중한 시기에 출간된 『트라이포드 스트래티지』는 현시대 기업들의 생존법을 담고 있다.

이 책에서 소개하는 트라이포드 스트래티지는 신제품을 개발하고 판매함에 있어서 브랜드, 채널, OEM의 역할을 제로섬이 아닌 플러스섬 게임으로 바라본다. 급변하는 시장 상황 속에서 이들 삼자 간의 상생적 협력을 통해 효과적이고 신속한 신제품 개발을 가능하게 하는 전략적 모델을 제시하고 있다. 기존의 신제품 개발 방식이 가지고 있던 한계를 극복하면서도, 효율성을 극대화하고 초기 시장 성공률을 높이는 방법론을 제공하고 있다. 특히 제한된 예산과 인력으로도 성공적인 신제품 개발이 가능한 구체적인 프로세스를 제안하고 있어, 자원이 한정된 상황에서 신시장 진입을 목표로 하는 기업들에게 큰 도움이 될 것이다.

이 책은 각 단계를 명확하게 설명하며, 상생적 신제품 개발의 과정이 어떻게 조직의 자원을 효율적으로 배분하고 성과를 높이는지 보여주고 있다. 실제 사례를 통해 기업들이 이 모델을 적용하여 얻은 성과와 그 이면의 전략적 사고를 이해할 수 있으며, 각 단계별로 발생할 수 있는 어려움에 대한 실질적인 해결 방안도 제시하고 있다.

신제품 개발과 판매에 관심 있는 경영자, 제품 기획이나 개발 담당자, 마케팅 및 유통 채널 관계자들에게 이 책은 교과서가 될 것이다. 또한 이 책은 일독으로는 저자의 수많은 경험과 핵심 노하우를 완전히 이해할 수 없을 것이다. 반드시 삼독을 권한다.

- 서강대학교 경영학부, Executive Ph.D. 과정 주임교수 장영균

많은 기업들에 있어서 신제품의 출시는 필연적으로 진행해야 하는 과제이며, 새로 개발된 제품의 성패에 따라 기업 전체의 미래가 결정되기도 한다. 더욱이 온라인 마켓이 활성화되고 신기술의 급속한 도입으로 인한 시장의 변화가 더욱 가속화된 현 상황에서는 경쟁사보다 먼저 신제품을 개발해서 출시하는 것이 더욱 중요해졌다.

이처럼 필수적인 신제품의 개발을 위해서 기업에서는 많은 자원을 투입하지만, 개발된 신제품의 상당수는 시장에서 성공하지 못하고 실패로 남게 된다. 제품의 성공에는 여러 요인이 존재하지만, 타겟 고객층의 니즈에 정확히 부합하는 제품을 신속히 개발하고 효과적인 채널을 통해 시장에 공급하는 것 역시 필수적인 요건이다.

저자가 주장하는 상생적 신제품 개발 방안은 브랜드가 전문 유통 채널을 통해서 소비자의 니즈를 효율적으로 파악하고, 이를 토대로 외부 생산 시설을 이용해서 경쟁력 있는 신제품을 신속하게 개발하는 것을 제안하는 모델이다. 이 모델의 세 주체인 브랜드, 독점유통채널 및 OEM 제조공장은 제한된 예산 내에서 빠르게 신제품을 개발 및 출시함으로써 인접시장 진입, 독점유통을 통한 신규 시장 진입 및 성장이라는 각각의 목적을 기대할 수 있게 한다.

이상적인 상황에서의 개발 모델이 아닌 자원과 시간이 부족한 현실적인 기업 상황에서도 적용할 수 있다는 점에서 활용 가능성이 높으며, 실제 개발된 다수의 사례를 통해 구체적인 적용 방안을 설명하고, 성공 사례와 더불어 실패한 제품들 역시 상세히 기술함으로써 개발 시에 주의할 사항도 알려주고 있다.

그런 의미에서 이 책은 브랜드의 제품 기획 및 마케팅 담당자, 유통 채널 종사자 및 신규 제품으로 새로운 시장에 진입하고자 하는 제조 기업 모두에게 유익한 정보를 담고 있다고 할 수 있다. 신제품의 성공 확률과 투입비용 및 개발시간이 항상 비례하지 않는다는 점에서 '낮은 리스크', '빠른 개발시간', '높은 성공확률'이라는 세 마리 토끼를 모두 잡을 수 있는 트라이포드 스트래티지는 신제품 개발과 관련된 이들에게 새로운 인사이트를 제공할 것으로 생각된다.

- 서강대학교 경영대학 교수 전성률

『트라이포드 스래티지』는 20년이 넘는 기간 동안 3M의 시청각 제품부에서 개발한 250개의 신제품 사례를 집대성하여 만든, 상생적 신제품 개발과정이라는 비법을 알려주는 책이다.

과거의 신제품 개발과정은 기술능력을 가진 기업이 자신의 브랜드를 가지고 자신의 유통망을 통해서 판매를 하기 위한 과정이었다. 한번 제품을 개발하면, 생산은 물론이고 판매와 A/S까지 직접 책임지고 해왔다. 이익을 내기 위해서는 생산 물량이 적당히 많아야 했으며, 소비자의 기호가 크게 변하지 않고, 유통업체들도 오랫동안 꾸준히 같이 영업을 해오던 시대에 적합한 신제품 개발과정이었다. 또 이 시대에는 신제품 개발과정에 참여한 사람들과 판매와 영업 및 유통망 관리를 담당하는 사람들은 서로 긴밀하게 만나지 않아도 크게 상관없었다.

하지만 최근 디지털 시대에서의 소비자들은 자신만을 위한, 개개인의 용도에 맞는, 멋진 디자인의 제품을 원하며, 신뢰하는 브랜드가 있다면 해당 브랜드의 제품들을 본인이 자주 가는 유통점에서 구매하고 싶어 한다. 또한 소비자들은 오래된 제품보다는 최신 기술을 반영한 새로운 제품을 원한다. 이러한 욕구를 충족시키기 위해서는 한 회사가 모든 과정을 신속하고 빈번하게 처리해야 하며, 소량 생산으로도 이익을 낼 수 있어야 한다. 이는 사실상 거의 불가능한 일이다.

그러나 3M은 단독으로 이를 해결한 것이 아니라, 브랜드 업체의 입장에서 외부 유통업체와 OEM 생산업체들과 협력하여 각자의 전문성을 결합한 신제품 개발과정을 통해 성공적인 결과를 도출하였다. 다른 업체들과 제품의 기획부터 실행 및 통제까지 협업을 통해서 한다는 것은 매우 어려운 일이지만, 3M은 오래전부터 이러한 협업 작업을 해왔으며, 저자인 신준철 박사는 이 분야에 있어서 국내 최고의 협업 및 이론 전문가이다. 이 책에서는 그동안의 노하우를 체계적으로 잘 설명하고 있으며, 타기업에서도 벤치마킹하여 각자의 사업에 적용할 수 있도록 구체적인 방법들을 알려주고 있다.

서강대학교 E-Ph.D. 프로그램이 만든 경영지식나눔의 모범적인 결실을 이렇게 추천하게 되어 너무 기쁘고, 자랑스럽다. 다양한 업계의 종사자분들이 각자의 사업에서 활용하고, 더불어 우리나라 경제의 부흥에 도움이 되길 바란다.

- 서강대학교 경영대학 교수 김주영

목차

제1장

서론

제2장

이론적 배경 및 선행연구고찰

제3장

상생적 신제품 개발 프로세스

제4장

사례 분석

제5장

마치며

제1장

서론

제1장

서론

1. 연구의 배경 및 목적

현재의 신제품 개발 모델은 개발 과정에서 브랜드가 주도적인 역할을 수행하고, 개발 주체가 자사의 기술연구소 및 자체 생산 공장일 경우 소비자의 니즈를 반영하기보다는 자사가 보유한 기술이나 생산 공정상의 특장점에 치우친 제품이 개발되는 경우가 자주 발생한다. 이러한 오류를 방지하고 소비자의 니즈를 개발 제품에 충실히 반영하기 위해서 여러 개발 모델들은 개발 프로세스에 시장 지향적 활동과 사용자 이해 및 공감, 고객에게 중요한 제품 속성 발견 등을 추가하고 있으며, 실제 개발 제품의 주요 소비자 관찰 및 조사에 많은 시간과 비용을 사용하고 있다.

하지만 정작 개발된 제품을 고객에게 직접 판매할 유통 채널의 의견은 개발 과정에 반영되지 못하고 있다. 고객과 가장 가까이 있고 제품에 대한 다양한 경험을 통해 실제 소비자의 니즈를 가장 잘 파악하고 있는 유통 채널이 개발 과정에서 제외되는 것은 비효율적이며, 개발이 완료된 제품을 수동적으로 수용하고 판매해야 한다는 점에서 채널의 해당 제품에 대한 동기 부여가 약화될 수 있다.

OEM 방식으로 제품을 생산하는 경우에 해당 OEM 제조업체의 역할은 개발된 신제품의 사양에 정확하게 부합하는 제품을 납기에 맞춰 생산하고 납품하는 것에 그치고 있으며, 개발 과정에서 해당 업체의 인사이트와 노하우를 적극적으로 활용하는 경우는 일부에 불과하다.

이처럼 현재의 신제품 개발 과정에서는 브랜드, 채널 및 OEM 제조업체가 유기적으로 협력하지 않고 각각의 맡은 역할만 수행하고 있으며, 유통 채널의 경우에는 완성된 제품의 판매에만 주력하는 것에 그치고 있다. 이런 상황을 개선해서 세 주체가 개발의 전 과정에 참여하고 출시 후 판매까지 효과적으로 협력한다면, 기존 신제품 개발 모델에 대비해서 보다 효율적인 방식으로 제품 개발을 진행할 수 있다.

온라인을 통한 판매가 급속히 증가하고 일반 소비자의 제품 정보에 대한 접근과 경쟁 제품 간의 비교가 더욱 용이해진 상황에서, 빠른 시간 내에 신제품을 지속적으로 개발할 필요는 증대되고 있다. 변화한 시장 현실에서 각 기업들은 제한된 예산으로 신속하게 제품을 개발하는 동시에 개발된 제품의 시장 성공률을 높여야 하는 과제에 봉착하게 되었다.

상생적 신제품 개발 방안은 한정된 예산과 소수의 인력을 사용해서 고객 니즈에 정확하게 부합하는 신제품을 기존 개발 모델보다 신속하게 개발하는 방법이며, 브랜드, 유통 채널 및 OEM 제조업체 사이의 유기적 협력과 인사이트 공유를 통해서 효율적인 제품 개발과 더불어 시장에서의 보다 높은 초기 성공률을 담보한다.

이를 통해 제한된 자원으로 인접 시장으로의 확장을 원하는 브랜드와 독점 제품을 통해 시장 변화를 도모하는 유통 채널 및 신시장 개척을 희망하는 OEM 제조업체에게 효과적인 신제품 개발 방안을 제시하고자 한다.

이 책에서는 아래 연구 질문에 대한 답을 탐구하는 과정에서 기존 신제품 개발 방법의 한계점과 상생적 신제품 개발 방안의 차별점 및 프로세스, 실제 적용 사례 및 일반화 가능성을 설명한다.

- 신제품 개발에 관련된 기존 연구 모델들의 문제점은 무엇인가?
- 문제점을 해결할 수 있는 새로운 신제품 개발 방안은 무엇인가?
- 상생적 신제품 개발 방안의 프로세스는 어떻게 되는가?
- 상생적 신제품 개발이 적용된 실제 사례는 무엇인가?
- 상생적 신제품 개발의 프로세스가 적용될 수 있는 조건은 무엇인가?

본 책에서 제안하는 상생적 신제품 개발 방안은 아이디어 창출/인접시장 탐색부터 출시 후 관리까지 여섯 단계의 프로세스로 구성되어 있으며, 각각의 프로세스에서 고려할 주요 사항은 다음 〈표 1.1〉과 같다. 적용 상황부터 브랜드의 안정화 전략까지의 사항들은 프로세스의 전반에 걸쳐서 고려되고 반영되어야 하며, 각각의 구체적인 적용 사항은 제3장에서 구체적으로 논의한다.

표 1.1 상생적 신제품 개발의 프로세스와 프로세스별 주요 고려 사항

프로세스	아이디어 창출/ 인접시장 탐색	채널 및 OEM 탐색/평가/ 선정	제품 콘셉트, 디자인 개발 및 사업성 분석	채널 및 OEM과 공동 개발	시장 출시	출시 후 관리
프로세스별 주요 고려 사항	적용 상황	필요 조건			기회요인 & 위협요인	브랜드의 안정화 전략
	브랜드 특성	브랜드			브랜드	채널
	제품군 특성	채널			채널	OEM 제조업체
	시장 특성	OEM 제조업체			OEM 제조업체	

　상생적 신제품 개발 방안의 프로세스와 브랜드, 유통 채널 및 OEM 제조업체의 상호 협력 관계를 먼저 정의하고 각 단계별 주요 고려 사항을 정리한 후, 실제 적용 사례를 통해서 상생적 개발 방안의 구체적인 사항들을 확인한다.

2. 연구의 범위

연구의 범위는 한국 쓰리엠의 시청각 제품부(Visual System Division)에서 2002년부터 시작해서 2023년까지 상생적 신제품 개발 방안을 통해서 개발하고 판매한 미팅 솔루션 제품군, 컴퓨터 및 스마트폰 액세서리 제품군과 인체공학적 제품군을 주요 대상으로 한다. 2002년부터 2000년대 말까지는 상생적 신제품 개발 방안이 초기 형태로부터 발전해 가는 과정에 있었으며, 이 시기에 개발된 제품 역시 연구 범위에 포함된다.

시청각 제품부는 해당 기간 동안 PSD(Projection Systems Division), SDP(Specialty Display & Projection), MISD(Mobile Interactive Solutions Division), ETI(Enterprise, Touch, Industrial), PSB(Privacy Solutions Business)로 변경되었으며, 주력 제품이 OHP 및 OHP film에서 디지털 프로젝터로, 다시 Privacy Filter로 변경되는 과정에서도 상생적 신제품 개발을 통해서 지속적으로 신제품을 개발했다.

연구의 대상이 되는 제품군은 구체적으로 다음과 같다.

- 미팅 솔루션 제품: 총 67개 모델
    - 프리젠터, 레이저 포인터
- 컴퓨터 액세서리: 총 74개 모델
    - 마우스 및 키보드, CD-ROM, USB-Hub, 외장 하드, LCD 클리너
- 인체 공학적 제품군: 총 20개 모델
    - 노트북 쿨러, 데스크 오거나이저, 월 마운트, 롤러 패드, 메모보드
- 스마트폰 액세서리 제품군: 총 67개 모델
    - 스마트폰 충전기, 거치대, 케이스, 이어폰
- 기타 제품군: 총 22개 모델
    - 플래시 라이트, LED 라이트, 전자계산기, Edu mate, 공구

21년의 기간 동안 개발된 250개의 신제품 모델이 연구 대상이며, 해당 모델들은 대략 370만 개가 판매되어 소비자가 기준 약 500억 원의 매출을 기록했다. 해당 개발 제품과 관련된 유통 채널 및 OEM 제조업체도 연구 범위에 포함된다.

제2장

이론적 배경 및 선행연구고찰

제2장

이론적 배경 및 선행연구고찰

    본 책에서 제안하는 상생적 신제품 개발 방안의 특징과 구체적인 전략을 제시하기 전에 선행 연구에서 제시된 신제품 개발 모델과 방법론을 고찰하고, 개별 모델의 등장 배경, 정의, 특징, 프로세스, 실제 사례, 한계점 등을 살펴본다.

    기존의 신제품 개발 방법에는 다양한 개발 모델이 존재하며, 이 중 인지도와 실제 사용 빈도가 높은 Stage-gate system, Design thinking, QFD 및 Design to Value를 중점적으로 확인한다.

표 2.1 **기존 신제품 개발 모델**

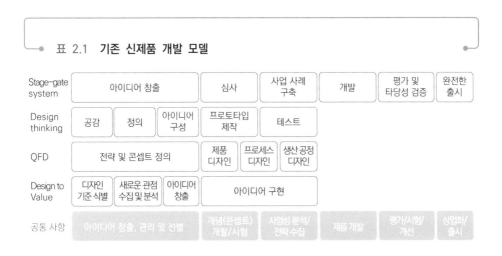

Stage-gate system, Design thinking, QFD 및 Design to Value 모델은 공통적으로 아이디어의 창출, 개념 개발 및 시험, 사업성 분석의 단계가 있으며, 본격적인 개발 이후의 단계는 Stage-gate system만 다루고 있다. 개념 개발과 사업성 분석의 단계는 Design thinking에서는 프로토타입의 제작과 테스트로, QFD에서는 제품, 프로세스 및 생산 공정 디자인으로, Design to Value에서는 아이디어 구현 단계로 대체되고 있다.

 1. Stage-gate system

(1) 유래 및 배경

시장이 선호하는 신제품을 개발해서 출시하는 것은 기업의 중요한 목표 중 하나이며, 대부분의 기업은 성장과 수익성을 위해 신제품 개발에 크게 의존하고 있다. 하지만 국내외 경쟁 심화, 시장 성숙, 기술 변화의 가속도로 인해서 성공적인 신제품의 개발은 시간이 갈수록 어려워지고 있고, 일례로 미국 기업이 혁신에 전념하는 자원의 거의 50%가 상업적 실패 제품에 소비되고 있다(Cooper, 1990).

제품의 라이프 사이클이 짧아지고 고객의 니즈가 세분화되면서 신제품 개발 기간과 비용을 최소화하는 동시에 시장에서의 성공률도 높이는 제품 개발 방법이 필요하게 되었다. 1980년대부터 신제품 사례들을 연구해온 캐나다 McMaster 대학의 Robert G. Cooper 교수는 핵심적인 성공 요소를 발견해서 이를 바탕으로 한 신제품 개발 프로세스를 개발했다. 스테이지 게이트 시스템(Stage-gate system)은 기업의 제품 혁신 노력을 관리할 수 있는 효과적인 도구이다.

(2) 정의

스테이지 게이트는 아이디어부터 제품 출시까지 신제품 개발 프로젝트를 체계적으로 만든 시스템으로, 제품 혁신이 프로세스임을 인식하고 프로세스 관리 방법론을 제품 개발 프로세스에 적용한다.

스테이지 게이트 시스템은 스테이지와 게이트로 구성되며, 스테이지는 혁신활동이 수행되는 단계이며, 개발팀이 정보를 수집 및 분석하고 이를 바탕으로 개발 업무를 수행한다. 각 단계는 이전 단계보다 정보가 좋아지지만 비용도 증가한다. 게이트는 각 단계별 활동을 평가하고 중지 및 계속 등의 의사결정을 하는 관문으로, 품질 관리 체크 포인트가 생산 공정을 제어하는 것처럼 프로세스를 제어한다. 각각의 게이트는 이전 스테이지에서의 개발 활동을 평가하고 진행 여부 및 투자 금액을 결정한다.

게이트에는 게이트 키퍼 역할을 하는 고위 관리자가 배치되어 입력 또는 결과물의 품질 검토, 프로젝트의 Go/Kill/Hold/Recycle 결정, Go의 경우에 다음 단계에 대한 실행 계획 승인 및 자원 할당 등을 담당한다.

(3) 특징

첫 번째 특징은 더 강력한 시장 지향성이며, 상세한 시장조사, 마케팅 조사, 시험 판매 및 고객과의 제품 테스트 등의 시장 지향적인 활동은 신제품 개발 프로세스에서 가장 실행이 부족하지만 제품의 성공과는 밀접한 관련이 있다. 전반적으로 성공적인 신제품은 실패한 제품보다 시장 지향적인 활동에 훨씬 더 많은 시간과 돈을 투자했다(Cooper, 1990).

스테이지 게이트 시스템은 신제품 개발 프로세스에서 훨씬 더 강력한 시장 지향성을 제공한다. 많은 신제품 개발 프로젝트에서 생략되거나 약하게 처리되는 시장 관련 활동은 나중에 고려되는 것이 아니라 설계에 의해 프로세스에 구축되며, 소비자 니즈 조사, 콘셉트 테스트, 경쟁 분석, 고객 제품 테스트, 시험 판매 등의 시장 관련 활동을 포함한다. 이러한 단계가 제대로 실행되지 않으면 프로젝트는 게이트를 통과할 수 없다.

두 번째 특징은 사전 개발 활동에 집중하는 것이며, 일반적인 신제품 개발 프로세스에서 사전 개발 활동은 가장 약하게 실행되고 가장 개선이 필요한 활동이다. 일본 기업과 성공적인 미국 기업은 평균적인 미국 기업보다 사전 개발 단계에 훨씬 더 많은 시간을 사용한다(Booz, Allen & Hamilton, 1982).

스테이지 게이트 시스템은 개발 제품의 예상 판매량 및 이익, 대상 고객, 제품의 차별화를 위한 기능 및 속성, 개발 비용 등을 개발 단계 이전에 점검해서 프로젝트를 정의하고 검증한다. 이를 통해서 신제품 고장 가능성을 줄이고, 제대로 정의된 프로젝트를 통해 개발 프로세스의 속도를 높이며 제품 설계 변경을 프로세스 초기에 진행할 수 있게 해서 시간과 비용을 크게 절약할 수 있다.

(4) 프로세스

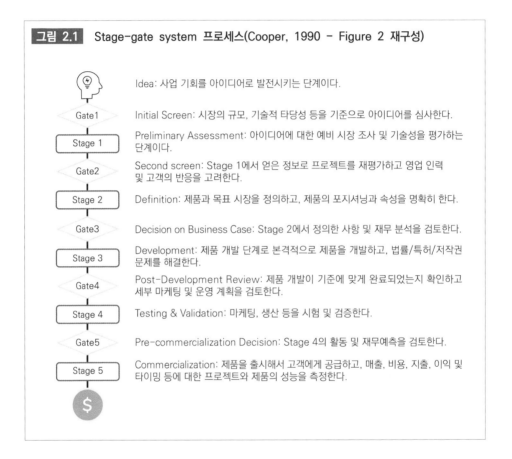

그림 2.1 Stage-gate system 프로세스(Cooper, 1990 – Figure 2 재구성)

Idea: 사업 기회를 아이디어로 발전시키는 단계이다.

Gate1 — Initial Screen: 시장의 규모, 기술적 타당성 등을 기준으로 아이디어를 심사한다.

Stage 1 — Preliminary Assessment: 아이디어에 대한 예비 시장 조사 및 기술성을 평가하는 단계이다.

Gate2 — Second screen: Stage 1에서 얻은 정보로 프로젝트를 재평가하고 영업 인력 및 고객의 반응을 고려한다.

Stage 2 — Definition: 제품과 목표 시장을 정의하고, 제품의 포지셔닝과 속성을 명확히 한다.

Gate3 — Decision on Business Case: Stage 2에서 정의한 사항 및 재무 분석을 검토한다.

Stage 3 — Development: 제품 개발 단계로 본격적으로 제품을 개발하고, 법률/특허/저작권 문제를 해결한다.

Gate4 — Post-Development Review: 제품 개발이 기준에 맞게 완료되었는지 확인하고 세부 마케팅 및 운영 계획을 검토한다.

Stage 4 — Testing & Validation: 마케팅, 생산 등을 시험 및 검증한다.

Gate5 — Pre-commercialization Decision: Stage 4의 활동 및 재무예측을 검토한다.

Stage 5 — Commercialization: 제품을 출시해서 고객에게 공급하고, 매출, 비용, 지출, 이익 및 타이밍 등에 대한 프로젝트와 제품의 성능을 측정한다.

(5) 주요 사례

제너럴 모터스는 신형 모델의 아이디어에서부터 시장 출시까지의 시간을 획기적으로 단축할 수 있는 4 phase 시스템을 사용하고 있는데, 이것은 스테이지 게이트 시스템의 GM 버전이다.

높은 신제품 비율을 보유한 3M도 신제품 개발 과정인 NPI(New Product Introduction)에 스테이지 게이트 프로세스를 사용하고 있으며, 이를 통해 시장의 니즈와 고객의 소리를 개발 과정에 필수적으로 포함시키고 있다.

(6) 한계점

스테이지 게이트 프로세스는 회사 내부의 여러 부서 관계자들로 팀을 이루어 진행하므로 의사 결정이 신속하지 못하고 관료적으로 진행되기 쉽다. 각 부서의 필요에 따라 꼭 필요하지 않은 사항을 게이트에서 점검하거나 관성적인 이의 제기 등으로 인해서 비용과 시간이 증가한다. 실질적인 제품 개발의 방향은 암묵적으로 합의한 상황에서, 게이트 리뷰를 통과하기 위한 형식상의 자료를 만들고 의례적으로 승인하는 경우도 발생한다.

프로젝트 팀이 구성되어도 실질적으로 프로젝트를 이끌어 가는 것은 소수의 인원이며 해당 프로젝트에 100% 할당을 받지 않는 이상, 나머지 구성원의 병렬 처리를 위한 적극적인 협력을 기대하기는 어렵다.

게이트 키퍼가 해당 프로젝트에 대해서 전문적인 지식을 보유하고 있는 경우에는 도움이 되겠지만, 신제품에 대한 지식이 부족한 경우에는 여러 게이트 키퍼를 설득하고 연관성이 없는 기존 경험에 근거한 불필요한 조언을 걷어내는 것에 막대한 에너지가 소모된다.

스테이지 게이트 프로세스는 대규모 화학 공장 건설 프로젝트 등의 장시간 대규모 프로젝트를 위해서 탄생된 것이므로, 제품 수명 주기가 짧은 신제품 개발에 적용하기에는 시간이 많이 걸리고 프로세스가 탄력적이지 않다.

2. Design thinking

(1) 유래 및 배경

디자인 씽킹(Design thinking)은 인간을 중심으로 한 문제 해결 및 혁신에 대한 사고 방식과 접근 방식이며, 1990년대 디자인 기업 IDEO와 IDEO의 설립자인 David Kelly 및 스탠퍼드 디자인 스쿨이 대중화시켰다. 문제 해결에 대한 체계적인 접근 방식으로서의 디자인 씽킹은 건축가 및 제품 디자이너와 같은 디자인 전문가의 아이디어와 방법론에서 영감을 얻었으며, 다양한 부서가 협력해서 고객의 니즈와 기술적 타당성 및 경제적 실행가능성을 통합해서 혁신할 수 있도록 하는 방법론이다(하버드 비즈니스 스쿨 온라인 비즈니스 인사이트).

현재 디자인 씽킹은 혁신을 주도하고 복잡한 문제를 해결하기 위해 다양한 규모 및 산업의 기업과 조직에서 채택하고 있는 접근 방식이다. 디자인 씽킹이 크게 주목받는 이유는 제품의 기획과 디자인뿐만 아니라, 분야에 관계없이 거의 모든 문제 해결에 도움이 되기 때문이다.

(2) 정의

IDEO의 CEO인 Tim Brown에 따르면 디자인 씽킹이란 기술적으로 실현 가능한 것과 실행 가능한 비즈니스 전략을 고객 가치와 시장의 기회로 바꾸는 것에 대한 사람들의 욕구를 충족시키기 위해서 디자이너의 감수성과 방법들을 사용하는 훈련법이다. 다시 말해, 디자이너의 감성과 방법을 사용하여 사람들의 요구를 기술적으로 실현 가능한 것과 전략에 맞추는 것이다.

디자인 씽킹은 사람의 요구, 기술적 가능성 및 비즈니스 성공을 위한 요구 사항을 통합하기 위해 디자이너의 툴킷을 사용하는 문제 해결 접근 방식이다. 디자인 씽킹의 정의에서 중요한 세 가지 요소는 다음과 같다(IDEO 웹사이트).

- 바람직함(Desirability): 사람에게 의미가 있는 것은 무엇인가?
- 타당성(Viability): 가까운 미래에 기술적으로 가능한가?
- 실행 가능성(Feasibility): 지속 가능한 비즈니스 모델의 일부가 될 수 있는가?

그림 2.2 디자인 씽킹에서 중요한 세 가지 요소(IDEO 웹사이트 재구성)

시작점
(Start point)

바람직함
(Desirability)

타당성
(Viability)

실행 가능성
(Feasibility)

(3) 특징

디자인 씽킹은 최고의 아이디어와 궁극적인 솔루션을 찾기 위한 창의적이고 사람 중심적인 접근 방식이다. 디자인 씽킹은 더 나은 제품, 서비스 및 프로세스 등에 관한 혁신에 접근할 때 사람에 초점을 맞추길 권장하며, 비즈니스의 솔루션을 개발할 때의 첫 번째 사항은 항상 그 뒤에 있는 인간의 요구사항이 무엇인지 파악하는 것이다. 즉 사용자를 중심에 두고, 제품과 서비스를 개발할 때 사람 중심으로 접근하는 방식이다.

디자인 씽킹의 중요한 가치는 혁신을 위한 정의된 프로세스를 제공한다는 것이다. 미리 규정된 프로세스 없이 시행 착오를 통해서도 아이디어의 효과성을 검증할 수 있지만, 시간이 오래 걸리고 비용이 많이 들며 궁극적으로 비효율적인 경우가 많다. 디자인 씽킹은 표준화된 혁신 프로세스를 제공하여 디자인과 관련이 있든 없든 당면한 문제에 대한 창의적인 솔루션을 개발할 수 있는 효율적인 방법이다.

Tim Brown에 따르면 디자인 사상가는 최종 사용자 및 고객과 공감할 수 있고 통합적 사고, 반복적인 실험과 협업을 진행할 수 있어야 하며 더 나은 해결책이 있다고 믿는 낙관주의를 가지고 있어야 한다.

(4) 프로세스

디자인 씽킹 프로세스는 공감, 정의, 아이디어 구상, 프로토타입 제작, 테스트의 다섯 단계로 구성된다. 공감 단계에서는 솔루션이 설계되는 사람들을 이해하는데 중점을 두고, 정의 단계에서는 문제의 틀을 잡고 정의한다. 아이디어 단계에서는 다양한 실현 가능성이 있는 솔루션을 생성하고, 프로토타입 단계에서는 가장유망한 아이디어가 유형의 솔루션 표현으로 변환된다. 테스트 단계에서는 사용자와 함께 프로토타입을 테스트하여 피드백을 수집하고 추가 개선 사항을 발견한다(kbizplan 웹사이트 재구성).

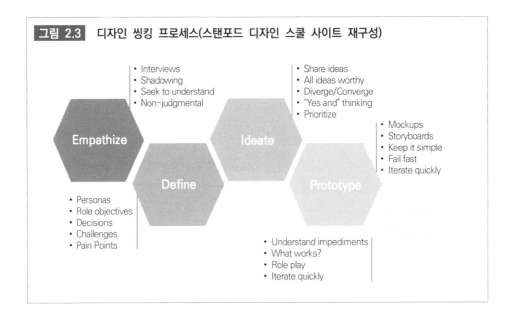

그림 2.3 디자인 씽킹 프로세스(스탠포드 디자인 스쿨 사이트 재구성)

첫 번째 단계는 공감(Empathize)이며, 솔루션의 사용자를 이해하는 단계이다. 디자인을 시작하기 전에 고객을 파악하고 고객의 요구 사항을 목록으로 작성한다. 사용자에 대한 이해가 의사 결정의 기본이 되므로 사용자 조사 수행, 해당 환경에있는 사람들의 관찰조사, 인터뷰 및 설문 조사, 트렌드 조사, 리서치 data 분석 등을 실시해서 사용자의 필요와 동기를 깊이 이해한다.

두 번째 단계는 정의(Define)이며, 공감 단계에서 얻은 인사이트를 종합하고 해결하려는 문제를 정의한다. 한 가지 핵심 문제를 식별하기 위한 브레인스토밍을

하고, 비즈니스의 관점이 아닌 사용자의 관점에서 불편함이 발생하는 지점(Pain point)이 어디인지 찾아낸다.

세 번째 단계는 아이디어 구상(Ideate)이며, 정의한 문제를 해결하기 위해 가능한 많은 아이디어를 창출하고 그중 가장 적합한 것을 선택하는 단계이다. 문제를 해결할 수 있는 혁신적인 방법을 열린 마음으로 다양하게 생각하고 창의력을 발휘해서 잠재적인 솔루션을 탐색한다. 사용자 모델링, 가치제안 맵, 고객 여정 맵 등을 사용해서 현재의 문제점과 가치를 분석하고 아이디어를 생성한다.

네 번째 단계는 프로토타입(Prototype) 제작이며, 아이디어 구상 단계에서 얻은 여러 아이디어를 목업이나 시뮬레이션과 같은 간단하고 비용 효율적인 방법으로 시각화한다. 아이디어를 빠르고 저렴하게 테스트하고 사용자로부터 피드백을 수집하는 것이 목표이기 때문에 프로토타입은 화려할 필요가 없다. 프로토타입에서 문제 발생 시 실패를 빠르게 경험하고, 해결 방법을 찾는다.

마지막 단계는 테스트(Test)이며, 실제 사용자와 프로토타입을 테스트하고 피드백을 수집한다. 피드백을 통한 사용자 경험의 획득은 솔루션을 개선하고 최종 제품 또는 솔루션에 더 가까이 가는 데 도움을 준다.

(5) 주요 사례

카이저(Kaiser) 병원의 간호사 교대 근무 변화를 재설계하는 프로젝트에서 처음 식별한 가장 큰 문제는 간호사가 교대 근무의 처음 45분을 이전 근무 간호사로부터 환자에 대한 정보를 받는 데 보낸다는 점이었다. 관찰을 통해서 여러 솔루션들을 탐색했고, 환자 정보를 화면에서 볼 수 있는 새로운 절차와 간단한 소프트웨어가 포함된 프로토타입을 일주일만에 만들었다. 이 장비를 사용해서 간호사의 환자 치료 시간이 크게 증가하고 업무의 질이 향상되었다(Brown, 2008).

일본의 자전거 부품회사인 시마노는 성장이 정체된 상황을 개선하기 위한 프로젝트를 시작했고, 미국 성인의 90%가 어린 시절에 자전거를 탄 좋은 추억을 가지고 있지만 자진거 및 액세서리의 복잡성과 유지관리 부담 및 위험성 때문에 현재 자전거를 타지 않는다는 것을 발견했다. 이를 해결하기 위해 'Coasting'이라는 개념을 만들고, 스포츠보다 즐거움을 위한 간단하고 유지보수가 필요 없는 자전거를 만들어 2008년 7개의 제조업체가 코스팅 자전거를 생산하기로 계약했다(Brown, 2008).

(6) 한계점

디자인 씽킹은 인간을 중심으로 한 문제 해결 및 혁신에 대한 사고 방식과 접근 방식이며, 제품 개발에 사용할 경우에는 최종 사용자의 필요와 욕구를 이해하고 프로토타입을 생성 및 테스트하며, 고품질 솔루션이 달성될 때까지 반복하기 위해 디자인 씽킹 프로세스를 적용할 수 있다.

제품 개발을 위한 방식으로만 한정지어 본다면 일반적인 제품 개발 프로세스에서 아이디어 창출부터 제품 개발 이전 단계까지, 즉 콘셉트 개발 및 테스트 단계까지만 포함하고 있다. 사용자의 니즈에 맞는 프로토타입을 만들고 테스트를 통해서 이를 검증한 이후의 프로세스에 대한 해결책은 제시하지 않고 있다. 다시 말해, 소비자가 원하고 개발해서 출시할 수 있는 제품의 사양을 확정하는 단계까지만 논의되고 있으며, 이후 단계인 실질적인 제품 개발부터 시험 및 개선, 초도 생산과 상업화 등의 단계는 포함하지 않고 있다.

또한 여러 아이디어를 테스트하기 위한 프로토타입 제작이 필수적인데, 비용 효율적인 방법으로 프로토타입을 제작할 것을 요구하고 있다. 이는 개발하고 있는 제품의 형태나 기능에 따라서 비교적 적은 비용으로 프로토타입이 제작이 불가능한 경우가 있을 수 있다. 실질적인 사용감과 기능이 중요한 하드웨어의 경우, 목업 (Mock-up) 제작이 필수적이며 이 경우 상당한 비용과 시간의 소모를 피할 수 없다.

마지막 단계인 테스트에서 받은 피드백을 반영해서 여러 버전의 프로토타입을 만들고 필요시 원점으로 돌아가 처음부터 다시 시작할 필요가 있으므로, 제품 수명 주기가 짧거나 시급히 제품을 개발할 필요가 있는 경우에는 시간적인 제약을 극복하기 어렵다.

3. Quality Function Deployment

(1) 유래 및 배경

QFD(Quality Function Deployment)는 주관적이고 정성적인 고객의 요구 사항을 정량적인 특성으로 변화시켜서 제품 및 프로세스 설계에 반영하기 위해 개발되었다. Yoji Akao가 개념을 제시하였고 1972년 미쓰비시 중공업의 고베 조선소에서 원양 어선 제작 시에 일본 정부의 규제 사항과 고객의 요청 사항을 동시에 충족하기 위한 방법으로 사용되었다(Ansari and Modarress, 1994).

1978년 Yoji Akao가 저술한 『품질기능전개』가 출판되면서 전 세계로 알려지기 시작했으며, 일본에서는 도요타 및 그 협력업체에 적용되었고 1984년 Clausing이 포드 자동차에 QFD를 도입한 이후 미국에서도 QFD의 사용이 대중화되었다.

(2) 정의

QFD는 전사적 품질관리의 개념에 기반한 제품 및 생산 공정 개발을 위한 프로세스이며, 제품 개발 및 생산의 각 단계에 고객의 요구사항을 반영하는 프로세스 중심의 품질 기법이다. 기존의 불규칙하고 직관적인 의사 결정 과정을 QFD를 통해서 조직 전체에서 사용될 수 있는 구조화된 프로세스로 대체할 수 있다(Govers, 1996 재구성).

QFD는 고객의 요구 사항을 객관적이고 계량화된 방식으로 측정하고 우선 순위화하여 제품과 프로세스로 변환시키는 시스템적인 접근 방식이며, 고객이 원하는 것과 회사가 구축할 수 있는 것 사이에서 절충안을 만드는 데 도움이 되는 프로세스이다.

QFD의 효과는 고객의 니즈가 가장 상세한 수준의 공정 및 운영에 적용될 때 극대화되고, 고객의 요구사항을 제품의 기술특성으로 변환하고, 이를 다시 부품특성과 공정특성 그리고 구체적인 생산 사양의 프로세스 변수로 변환함으로써 달성할 수 있다.

(3) 특징

경영의 초점이 고객 만족에 있고 이를 달성하기 위한 제품 사양이 상품의 기획 및 설계 과정에서 대부분 결정되므로 제품 개발 프로세스의 초기 단계에서의 품질 활동이 더욱 중요하다. 때문에 고객 요구와 니즈의 우선 순위를 결정하고 이를 실현 가능한 기술적인 특성 및 스펙으로 변환시키는 QFD의 필요성이 증가하고 있다.

QFD는 고객의 니즈보다 엔지니어링 능력에 중점을 두는 기존의 개발 프로세스와 달리 모든 제품 개발 활동을 고객의 니즈에 집중하며, 제품 설계와 부품 및 공정계획, 생산 계획에 이르는 제조활동의 각 단계에서 고객의 요구가 제품에 충분히 반영되도록 하여 고객 만족을 최대화한다.

QFD는 제품 및 공정 개발과 관련된 모든 활동이 소비자의 요구 사항을 기본으로 해서 통합적으로 이루어지므로, 제품과 공정의 설계 변경을 근본적으로 줄여서 신제품 개발 기간을 단축하고 비용 절감을 통한 경쟁력 제고가 가능하다. 또한 기존의 회사 내부의 업무 수행 방식을 독립적이고 비협조적인 방식에서 마케팅, 엔지니어링, 매뉴팩처링 등 관련 부서 간의 커뮤니케이션을 촉진시킴으로써 포괄적이고 협조적인 방식으로 전환시켜 개발 부서 사이의 팀워크를 향상시킨다.

(4) 프로세스

고객의 요구 사항에서 제조 공정의 운영에 이르는 제품 개발 프로세스는 일반적으로 네 가지 단계로 구성된다. 전략 및 콘셉트 정의 단계는 제품 정책과 고객 선정이 이루어지고 고객의 요구가 제품 콘셉트로 변환되며, 적정한 고객에게 적합한 제품을 정의하는 것이 가장 중요하다. 제품 디자인 단계는 고객 요구를 반영한 설계 요구 사항이 제품 설계의 구성 요소 특성으로 변환되며 이에 따라서 후속 단계인 프로세스 디자인 및 생산 공정 작업이 정의되고 각각의 입력과 출력 간의 복잡한 관계는 품질전개표(House of quality)의 행렬에 매핑된다.

QFD의 전체적 프로세스는 품질전개표로 불리는 매트릭스에 의거하고 있다. 이 품질전개표는 Cross-functional team에 의해서 작성되어야 하며, 고객의 정성적인 요구와 시장 조사 및 벤치마킹한 자료를 조직에서 구현 가능한 제품을 설계하기 위한 공학적인 품질 특성으로 변환시키는 매트릭스이다.

품질전개표의 작성은 개발 제품과 대상 고객을 먼저 선정하고, 대상 고객의 요구 사항을 수집한 후 그 중요도를 5점 척도로 평가한다. 다음으로 고객 요구 사항을 설계 요구 사항으로 변환하고 두 사항 간의 관계를 1, 3, 9 척도로 표현한다. 벤치마크를 위해서 자사 및 경쟁 제품을 고객 요구 사항별로 5점 척도로 평가하고 개발을 위한 상세한 목표를 설정한 후, 경쟁사에 대한 자사의 기술적 위치를 입력한다. 마지막으로 설계 요구 사항 간의 상호 의존성을 평가한다.

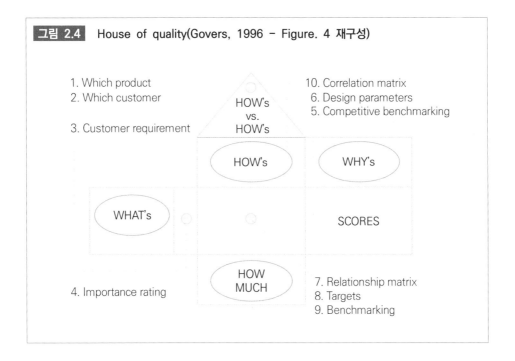

그림 2.4 House of quality(Govers, 1996 - Figure. 4 재구성)

(5) 주요 사례

필립스는 1986년부터 QFD에 집중했으며, 대만의 Chungli 모니터 공장에서 처음으로 성공적으로 적용했다. 그 후 1989년에 아인트호벤 연구 개발부서에서 많은 상호 의존적인 기술의 복잡한 혼합물인 하이엔드 TV용 튜브를 개발 시에 150 × 120 포지션의 품질전개표를 만들었다.

HP에서는 개발기간을 2/3 단축하고, 보잉에서는 777기 설계 시에 1.5년의 기간을 줄이는 등 많은 제조업체가 1980년대 초반부터 QFD를 도입하여 상당한 성과를 거두었으며, Clausing과 Houser(1988)에 따르면 1991년까지 100개 이상의 미국 기업이 QFD를 적용하였고 제품 설계 비용을 60% 이상 절감하거나 설계에 소요되는 시간을 40% 단축하는 등의 뛰어난 결과를 달성했다.

(6) 한계점

QFD는 품질전개표 작성에 많은 노력과 시간이 필요하며, 이로 인해서 제품 전체를 보지 못하고 품질전개표 자체에 치우치는 오류가 발생할 수 있다. 많은 매트릭스로 인해서 필연적으로 방대한 서류 작업이 필요하고 이로 인해서 원래의 장점인 제품 개발 시간의 단축이 희석되고 오히려 개발 기간이 증가할 가능성이 있다.

기본적으로 QFD는 Cross-functional team의 입력 및 협력이 중요한데 해당 제품에 정통한 각 분야의 인원으로 QFD팀이 구성되지 않을 경우에는 전문성의 문제가 발생하며, QFD의 추진 방법에 정통한 리더가 없을 경우 올바른 작업이 이루어지지 않는다.

QFD의 기반은 시장 조사를 통해 발견한 고객 니즈인데 시장 조사가 잘못 수행된다면 모든 분석은 무의미하며, 고객 니즈가 급속하게 변하는 상황에서는 포괄적인 시스템인 QFD가 시장의 요구에 빠르게 대응하는 것이 용이하지 않다.

QFD는 신제품 개발 프로세스에서 제품의 정의로부터 시작해서 순차적으로 제품과 부품의 디자인, 제조 공정과 생산 조건의 설정으로 이어진다. 이는 전형적인 다른 개발 프로세스와 비교해서 본격적인 제품 개발 이전까지의 단계만을 다루고 있으며, QFD를 통해서 실질적인 개발 진행시의 오류를 감소시킬 수 있지만 개발 그 자체는 QFD의 범위 밖에 있다.

4. Deign to Value

(1) 유래 및 배경

원자재 가격 상승, 공급 시장 통합 및 지속적인 경제적 압박으로 인해 기업은 이익 수준을 유지하기가 어려워지고 있다. 신흥 시장이 빠르게 성장해서 원자재에 대한 수요가 증가하고 그 결과 수요와 공급의 불일치가 증가하고 있으며, 공급 업체 시장의 통합으로 인해서 공급업체에 유리한 환경이 조성되어서 제품 생산 비용이 큰 폭으로 증가했다. 경기 침체의 타격을 받은 소비자들은 구매를 줄이거나 저가 제품으로 이동하는 경향이 있으며, 이는 제조 기업이 비용 증가분을 소비자에게 전가하는 것을 어렵게 만들고 있다.

이처럼 제품 판매 및 마진이 감소하고 고객이 경쟁사 제품으로 이동하는 경우에, DTV(Design to Value)를 통해서 전체 수명 주기 동안 고객에게 가장 큰 총가치와 매력적인 경제성을 모두 제공하는 제품과 서비스를 개발할 수 있다.

(2) 정의

DTV는 고객이 가장 중요하게 생각하는 제품 속성을 발견하고 이를 더 적은 비용을 통해 더 많은 가치를 창출할 수 있는 디자인 옵션으로 변환하는 개발 프로세스이며, 제품 비용과 가치를 동시에 최적화하는 제품 비용 관리 도구이다.

DTV는 소비자가 제품에서 무엇을 중요하게 생각하는지에 대한 심층적인 통찰력, 다른 회사가 소비자의 요구를 충족하기 위해 제품을 설계하는 방법에 대한 경쟁력 있는 통찰력, 신기술 및 제품 제조 비용에 대한 공급업체의 통찰력을 결합하고, 기업은 DTV를 통해 고객이 기꺼이 비용을 지불할 수 있는 기능에 혁신 노력을 집중하고 장기적인 수익성을 개선 및 유지하는 비용 최적화 접근 방식을 선택할 수 있다.

(3) 특징

DTV는 소비자, 경쟁자 및 공급업체의 인사이트를 결합한다. 제품 개발 엔지니어가 소비자 데이터를 활용해서 최적의 비용 편익 트레이드 오프를 반영한 제품을 설계하고 경쟁사 제품 분석을 통해서 새로운 벤치마크를 만들며, 공급업체에게서 제조 프로세스에 대한 기술 지식과 다른 고객에게 서비스를 제공한 경험을 바탕으로 비용을 개선하기 위한 아이디어를 얻는다.

DTV는 영업, 마케팅, 운영 및 R&D팀이 처음부터 협력하여 구성 요소 수준의 최적화 대신 전체 제품의 최적화를 도모하며, 이를 위해서 초기부터 공동 목표를 가지고 서로 협력한다. 설계 단계에서 제품 비용의 많은 부분이 결정되므로 초기 설계 단계에서 적절한 가치/비용 절충안을 만드는 것이 중요하고, 이는 Cross-function team의 구성 및 활동으로 달성할 수 있다.

그림 2.5 DTV의 인사이트(McKinsey & Company Operations Extranet 재구성)

- 국내 및 해외 시장에서 다양한 경쟁사 제품을 수집
- 엔지니어링 및 R&D에서 경쟁 제품의 분석을 수행
  - 경쟁 제품의 분해 및 분석
  - 성능 데이터의 비교
  - 패키징 분석

경쟁 통찰 (Competitive insights)

소비자 통찰 (Consumer insights)

공급자 통찰 (Supplier insights)

- 마케팅의 정량적 데이터
  - 고객이 중요하게 생각하는 속성
  - 비교 속성에 대한 지불 의향
- 정성적 인사이트
  - Ethnography
  - 감각적 인사이트
- 다른 분야의 유사물

- Clean sheet 분석
- 활동 기준 원가 계산
- 비용, 속성 및 구현 트레이드 오프

(4) 프로세스

BCG에 의하면 DTV는 네 단계의 반복적인 프로세스로 구성된다.

첫 번째 단계는 가장 큰 가치를 제공하는 디자인 기준을 식별하는 것이며, 고객에 대한 가치제안 변경, 중요한 비용 요인의 해결 또는 둘 다에 중점을 둘 수 있다. 가치제안 변경에는 기능, 품질, 안전 또는 효율성을 강조하는 설계 등이 있으며, 비용 요인 해결에는 제조 용이성, 모듈성 또는 단순성을 위한 설계를 예로 들 수 있다.

두 번째 단계는 새로운 관점을 수집하고 분석하는 것이며, 소비자 인사이트와 경쟁사 벤치마크가 포함된다. 소비자 인사이트에는 정량적인 마케팅 자료와 정성적인 인사이트가 포함되고, 경쟁사 벤치마크에는 엔지니어링 및 R&D에서 수행하는 경쟁사 제품 분해를 통한 성능 비교 데이터 추출 및 패키징 분석 등이 있다. 또한 공급 업체로부터 활동기준 원가계산 및 비용, 속성, 구현의 트레이드 오프에 대한 관점을 얻을 수 있다.

세 번째 단계는 아이디어 창출이며, 디자인 개선을 위한 아이디어 창출을 위해서는 부서간 협업이 필수적이다. 특정 제품, 서비스 및 프로세스의 개선을 위해 담당 업무를 넘어 생각하고 전체 가치 사슬에서 기회를 발견하도록 권장된다.

마지막 단계는 아이디어 구현이며 창출된 디자인 및 프로세스 변경에 대한 아이디어들에 대한 우선 순위를 정하고, 디자인 변경의 구현 계획을 만들기 위해 다양한 세부 수준에서 아이디어를 평가하고 테스트한다.

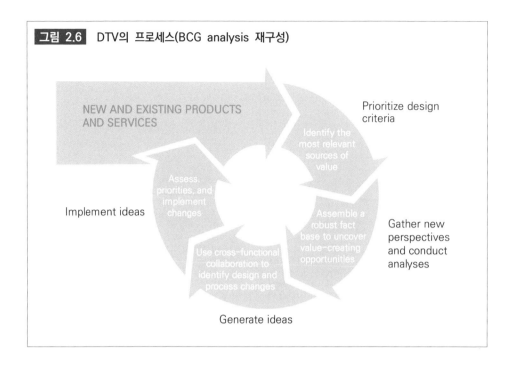

그림 2.6 DTV의 프로세스(BCG analysis 재구성)

NEW AND EXISTING PRODUCTS AND SERVICES

Prioritize design criteria

Identify the most relevant sources of value

Assess, priorities, and implement changes

Implement ideas

Assemble a robust fact base to uncover value-creating opportunities

Gather new perspectives and conduct analyses

Use cross-functional collaboration to identify design and process changes

Generate ideas

(5) 주요 사례

글로벌 식품 제조업체 A사는 제품의 신선도를 개선하여 가치를 창출하고 총 비용을 절감할 수 있는 기회를 확인하고, 공급망 병목 현상을 극복하기 위해서 제조업체의 공급망을 따라 프로세스 및 제품 설계 변경 사항을 식별했다. 이러한 변화에는 제품 라인에서 판매율이 높은 상품에 중점을 두고 제품 간의 성분을 조화시키고, 보다 유연한 제조 자산을 사용하여 더 짧고 빈번한 생산 실행을 허용하며 소비자 수요에 대한 보다 정확한 관점을 확보하는 것이 포함되었다. 이러한 아이디어를 구현함으로써 이 제조업체는 재고를 약 40% 줄이고 제조 비용을 2% 이상 줄였다.

마진의 급격한 감소에 직면한 스테인리스강 제조업체는 원자재 소싱 프로세스의 재설계가 비용 절감과 제품 품질 향상에 필수적이라고 판단하고, 상품 가격의 변화에 대응하기 위해 보다 동적인 데이터 입력 및 관리 접근 방식을 사용하는 등 소싱 프로세스의 정확성을 높이는 방법을 찾아냈다. 소싱 프로세스의 유연성을 높이기 위해 재료 선택에 대한 불필요한 제한을 제거하기 위한 아이디어를 식별하고 테스트했으며, 재설계된 공정은 원자재 구매 및 가공 비용을 2~3% 절감할 것으로 예상된다.

(6) 한계점

DTV는 소비자의 가장 중요한 니즈를 파악하고 이를 디자인 개선을 위한 효율적인 아이디어로 전환시켜 구현하는 도구이자 프로세스이며, 아이디어의 원천으로는 소비자, 경쟁자 및 공급 업체를 꼽고 있다.

소비자 인사이트를 폭넓게 수행할 경우 시간과 비용의 문제가 제기될 수 있으며, 저렴한 비용으로 온라인 설문조사, 포커스 그룹 인터뷰 등을 일부 진행한다면 충분하지 못한 데이터로 인해서 아이디어의 양과 질에서 기대 수준에 부합하지 못할 수 있다.

경쟁자 벤치마킹은 자사의 R&D 및 엔지니어링에서 경쟁 제품의 부품, 원료, 제조 프로세스의 분석이 가능한 기술력과 노하우가 뒷받침되어야 한다.

공급업체 인사이트는 자사의 구매력, 시장 점유율 및 공급 업체와의 관계에 따라 획득할 수 있는 정보가 상이할 수 있으며, 가장 중요한 제조 원가 관련 사항은 쉽게 공유되지 않을 가능성이 높다.

DTV는 영업, 마케팅, 운영 및 R&D 등의 Cross-function team이 처음부터 협력해서 공동 목표를 가지고 개발을 진행해야 하는데, 부서 또는 기능별 협조 수준 및 개발 제품과 프로세스에 대한 기존 역량이 프로젝트 진행 수준에 영향을 미칠 수 있다.

 ## 5. 기존 모델의 한계

지금까지 살펴본 Stage-gate system, Design thinking, QFD 및 Design to Value의 신제품 개발 프로세스는 다음 〈표 2.2〉와 같고, 스테이지 게이트 시스템을 제외한 나머지 프로세스들은 본격적인 개발 이전의 단계까지만을 다루고 있으며 아이디어를 창출하고 검증 및 구현하는 보다 세분화된 과정에 집중하고 있다.

표 2.2 **기존 신제품 개발 모델의 프로세스**

Stage-gate system	아이디어 창출			심사	사업 사례 구축	개발	평가 및 타당성 검증	완전한 출시
Design thinking	공감	정의	아이디어 구성	프로토타입 제작	테스트			
QFD	전략 및 콘셉트 정의			제품 디자인	프로세스 디자인	생산 공정 디자인		
Design to Value	디자인 기준 식별	새로운 관점 수집 및 분석	아이디어 창출	아이디어 구현				

네 가지 제품 개발 프로세스는 고객의 니즈를 반영하고 초기 개발 단계에 집중하며 부서 간 협력을 통해서 개발 과정을 진행하는 공통점이 있으며(〈표 2.3〉), 이로 인해 설계 변경을 감소시켜 신제품 개발 기간 및 비용을 최소화하고 성공률을 높이는 장점이 있다. 반면에 개발 이전의 단계에서 시간과 비용, 노력이 추가적으로 소모되고 전문성의 확보 필요 및 시장 변화에 대응이 느린 점 등의 단점이 있다(〈표 2.4〉).

표 2.3 **기존 신제품 개발 모델의 특징**

특징	Stage-gate system	Design thinking	QFD	Design to Value
고객의 니즈 반영	강력한 시장 지향성, 시장 관련 활동 포함	사람 중심 접근, 사용자 이해 및 공감	개발 및 생산의 각 단계에 고객 요구 사항 반영	고객에게 중요한 제품 속성 발견
초기 개발 활동	사전 개발 활동에 집중	프로토타입 제작 및 테스트	고객 니즈를 기술 스펙으로 변환	소비자, 경쟁자, 공급업체 인사이트
부서 간 협력	Cross-function team	Cross-function team	Cross-function team	Cross-function team
적합한 제품군	대규모 프로젝트	프로토타입 제작이 용이한 제품군	공학적 품질특성이 중요한 제품군	비용과 가치의 동시 최적화가 가능한 제품군

표 2.4 기존 신제품 개발 모델의 단점

단점	Stage-gate system	Design thinking	QFD	Design to Value
비용 및 노력 투자	게이트 리뷰를 위한 자료 제작 부담	프로토타입 제작에 시간 및 비용 투자	품질전개표를 위한 방대한 서류 작업	소비자 인사이트 확보에 비용 소모
전문성 문제	게이트 키퍼의 전문성 부족 가능성	타당성 및 실행 가능성 평가에 노하우 필요	QFD 방법에 정통한 리더가 필요	경쟁사 벤치마킹에 기술력 및 노하우 필요
개발 이전에 시간 소모	관료적이며 의사 결정이 신속하지 않음	다수의 프로토타입 제작 & 실패 시 프로세스 반복	품질전개표 작성에 많은 시간 필요	인사이트 확보에 많은 시간 필요
기타	프로세스가 비탄력적	프로토타입 테스트 이후의 단계 부재	포괄적인 시스템: 고객 및 시장 니즈 변화에 대응 어려움	공급업체 인사이트 확보의 어려움

스테이지 게이트 시스템의 가장 큰 장점은 기존 제품 개발 프로세스에서 부족했던 시장, 마케팅 및 고객 조사 등의 사전 개발 활동을 프로세스에 포함시켜서 각 게이트에서 점검하고 이로 인해서 더 강력한 시장 지향성과 프로젝트 평가가 가능하다는 점이다. 이것은 기존에 생략되거나 중요시되지 않은 활동을 빠짐없이 제대로 수행한다는 점에서는 장점이지만, 해당 활동에 추가적으로 소모되는 비용과 시간은 불가피하다. 제품 수명 주기가 짧은 신제품 개발에 적용하기에는 시간 소모가 많고 프로세스가 비탄력적이다. 또한 사전 개발 활동을 통해서 시장 및 고객의 기호를 반영해서 제품 성공률을 높일 수 있지만, 이는 마케팅 조사가 수반되지 않은 프로세스에 대비해서 높은 성공률을 달성한다는 의미이다.

상생적 신제품 개발 방안에서는 사전 개발 활동의 많은 부분을 독점 유통 채널에서 담당하고 제품 개발 초기부터 해당 제품 및 시장에 대한 많은 경험을 보유한 채널이 개발에 참여하므로, 시장 지향성을 높이면서도 낮은 비용으로 신속하게 제품을 개발할 수 있다. 또한 회사 외부와의 적극적인 협력을 통해서 개발을 진행하므로 스테이지 게이트 시스템의 폐쇄성 및 관료성을 극복할 수 있다.

디자인 씽킹은 사용자를 중심에 두고 제품과 서비스를 개발하는 방식이며, 표준화된 프로세스를 통해서 창의적인 솔루션을 개발한다. 많은 아이디어를 구상한 이후에 이 아이디어의 검증을 위해서 프로토타입을 만들고 테스트한다는 점이 특징이다. 목업이나 시뮬레이션 등의 저렴하고 신속한 방법으로 프로토타입 제작을 권장하고 있지만, 실제 적용이 어려운 제품군도 있다. 평가를 위해서 직접 제품을 이용해 보고 사용감을 느껴봐야 하는 경우에는 프로토타입 제작에 시간과 비용이 많이 소모될 수밖에 없다. 특히 제조 공장이 해외에 위치한 경우에는 시간적 제약이 더욱 심해지며, 제품 개발 스케줄에 막대한 지장을 초래할 수 있다.

상생적 신제품 개발 방안에서는 소비자의 니즈에 정통한 채널이 초기부터 제품 개발에 참여해서 아이디어를 도출하므로, 아이디어의 검증을 위한 많은 프로토타입의 제작이 불필요하다. 검증된 니즈를 기초로 해서 아이디어를 창출하고 제품 디자인을 진행한 뒤에, OEM 제조업체에서 구현 가능한 사양으로 디자인을 수정하며 필요시 한 번의 목업 확인으로 제품 디자인을 확정할 수 있다. 이와 같은 간소화된 절차로 인해서 제품 개발 비용과 시간을 더욱 절약할 수 있다.

QFD의 가장 큰 차별점은 품질전개표를 통해서 제품설계와 제조활동이 고객의 니즈와 별개로 진행되는 것을 방지해서 고객의 요구가 제품에 효과적으로 반영되게 하는 것에 있다. 하지만 품질전개표의 작성에 많은 노력과 시간이 소요되며, Cross-function team의 구성이나 리더가 제대로 선정되지 않을 경우에는 올바른 작업이 이루어지지 않는다.

상생적 신제품 개발은 고객의 요구를 해당 제품 및 시장에 가장 능통한 독점 채널의 입력으로 확보하고 해당 채널이 제품 개발 초기부터 마지막까지 주요 관계자로 계속 참여하므로, 신제품이 고객 니즈로부터 분리되는 것을 방지한다. 품질전개표 작성을 위한 대규모의 자료 작성이 불필요하므로 시간과 비용 측면에서 이점을 가질 수 있으며, 실제 제품 개발 및 출시 후까지의 단계도 포함한다.

DTV는 제품 개발의 인사이트를 공급업체에서 얻는다는 점에서 상생적 신제품 개발과 유사한 점이 있지만, 고객 인사이트를 얻는 방법에서는 차이가 있다. DTV에서는 다기능팀을 통해서 전체적인 시각을 가지고자 하지만, 이는 제품 개발에 소요되는 시간을 증가시킬 수 있다. 상생적 신제품 개발에서는 고객 및 시장 인사이트는 전적으로 독점 판매채널이 담당하고 제조에 필요한 인사이트는 OEM 공급업체가 전담하며, 채널 및 공급업체가 개발 초기부터 마지막까지 지속적으로 참여하므로 신속한 제품 개발 및 출시가 가능하다.

또한 DTV에서는 아이디어의 창출과 평가, 테스트까지만 다루고 있고 그 이후의 프로세스에 대해서는 정확하게 규정하고 있지 않지만, 상생적 신제품 개발은 아이디어부터 제품 출시 이후까지의 전 과정에 대해 명확히 설명하고 있다.

상생적 신제품 개발 방안과 기존 개발 방식의 특정 및 주요 차이점은 다음 〈표 2.5~2.6〉과 같다.

표 2.5 **기존 신제품 개발 모델 및 상생적 신제품 개발 방안의 특징**

특징	Stage-gate system	Design thinking	QFD	Design to Value	상생적 신제품 개발
고객의 니즈 반영	강력한 시장 지향성, 시장 관련 활동 포함	사람 중심 접근, 사용자 이해 및 공감	개발, 생산의 각 단계에 고객 요구 사항 반영	고객에게 중요한 제품 속성 발견	독점 채널의 입력
초기 개발 활동	사전 개발 활동에 집중	프로토타입 제작 및 테스트	고객 니즈를 기술 스펙으로 변환	소비자, 경쟁자, 공급업체 인사이트	브랜드, 채널, OEM의 상호 협력
부서 간 협력	Cross-function team	Cross-function team	Cross-function team	Cross-function team	소수의 인원이 개발 전담
적합한 제품군	대규모 프로젝트	프로토타입 제작이 용이한 제품군	공학적 품질 특성이 중요한 제품군	비용과 가치의 동시 최적화가 가능한 제품군	낮은 초기 개발비, 짧은 제품 수명주기

표 2.6 **기존 신제품 개발 모델의 단점과 상생적 신제품 개발 방안의 차이점**

단점	Stage-gate system	Design thinking	QFD	Design to Value	상생적 신제품 개발
비용 및 노력 투자	게이트 리뷰를 위한 자료 제작 부담	프로토타입 제작에 시간 및 비용 투자	품질전개표를 위한 방대한 서류 작업	소비자 인사이트 확보에 비용	추가적인 자료 제작 및 노력 투입 없음
전문성 문제	게이트 키퍼의 전문성 부족 가능성	타당성 및 실행 가능성 평가에 노하우 필요	QFD 방법에 정통한 리더가 필요	경쟁사 벤치마킹에 기술력 필요	채널과 OEM 제조 업체의 노하우 활용
개발 이전에 시간 소모	관료적이며 의사 결정이 신속하지 않음	다수의 프로토타입 제작	품질전개표 작성에 많은 시간 필요	인사이트 확보에 많은 시간 필요	채널의 인사이트 활용: 시간 단축
기타	프로세스가 비탄력적	프로토타입 테스트 이후의 단계 부재	포괄적인 시스템: 변화 대응 어려움	공급업체 인사이트 확보의 어려움	

상생적 신제품 개발 방안과 기존의 개발 방식의 프로세스상의 차이점은 다음 〈표 2.7〉과 같다.

표 2.7 **기존 신제품 개발 모델 및 상생적 신제품 개발 방안의 프로세스**

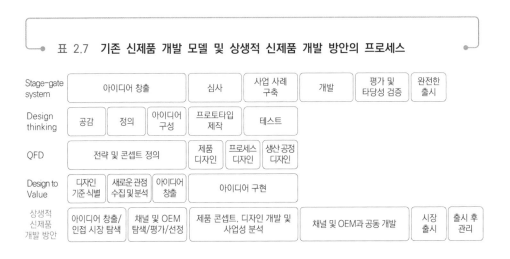

Stage-gate system	아이디어 창출		심사	사업 사례 구축	개발	평가 및 타당성 검증	완전한 출시
Design thinking	공감	정의	아이디어 구성	프로토타입 제작	테스트		
QFD	전략 및 콘셉트 정의		제품 디자인	프로세스 디자인	생산 공정 디자인		
Design to Value	디자인 기준 식별	새로운 관점 수집 및 분석	아이디어 창출	아이디어 구현			
상생적 신제품 개발 방안	아이디어 창출/ 인접 시장 탐색	채널 및 OEM 탐색/평가/선정	제품 콘셉트, 디자인 개발 및 사업성 분석	채널 및 OEM과 공동 개발		시장 출시	출시 후 관리

이상을 종합해 볼 때 기존 모델에서는 고객의 니즈 반영 및 아이디어 선별, 시험, 평가 등의 프로세스로 인해서 시간과 비용이 많이 소모되고 Cross-function team의 활동으로 인한 방대한 자료 제작, 관료주의로 인한 부담, 제품 개발 리소스 부족에 대한 해결책 부재와 신제품의 초기 성공을 담보하지 못한다는 측면에서 한계를 가지고 있는데, 본 책에서는 상생적 신제품 개발 방안을 통해서 이러한 한계점을 가진 기존 모델과의 차별을 가져올 수 있는 대안을 제시하고자 한다.

제3장

상생적 신제품
개발 프로세스

제3장

상생적 신제품 개발 프로세스

제2장에서 살펴본 기존의 신제품 개발 프로세스에서 한계점으로 지적된 부분들을 해결할 수 있는 새로운 신제품 개발 모델인 상생적 신제품 개발 방안을 소개한다. 해당 모델이 가장 잘 작동할 수 있는 적용 상황과 기본 모형 및 프로세스를 먼저 살펴보고, 중요한 세 플레이어인 브랜드, 독점 유통 채널 및 OEM 제조업체의 필요 조건과 기회 및 위협 요인을 규명한다. 마지막으로 브랜드가 채널 및 제조업체의 이탈을 방지할 수 있는 모델 안정화 전략의 이론적 배경과 구체적인 내용을 명시한다.

 ## 1. 적용 상황 및 모델 제안

(1) 적용 상황

상생적 신제품 개발 방안은 제2장에서 살펴본 기존의 개발 방식과는 차별화된 개발 프로세스를 가지고 있으며, 기존 방식들이 장점으로 주장해 온 고객 및 시장의 니즈를 충실히 반영하면서도 시간과 비용의 투입을 감소시키고 유통 채널의 적극적인 참여를 통해서 신제품의 초기 실패 위험을 최소화할 수 있는 모델이다.

스테이지 게이트 프로세스가 장기간의 대규모 프로젝트에서 유래되어 중후장대한 산업에 최적화된 것과 같이, 상생적 신제품 개발이 더욱 효과적으로 작용할 수 있는 세부 상황이 존재하며 이를 브랜드, 제품 및 진입 시장별로 살펴본다.

1) 브랜드 특성

상생적 신제품 개발 방안의 기본 콘셉트는 특정 제품 시장에서 마켓 리더 혹은 2위 그룹의 포지션을 점유하고 있는 브랜드가 인접 시장으로 브랜드 확장을 진행하는 것이다. 인접 시장에서 브랜드 자산을 효과적으로 활용하기 위해서 해당 브랜드는 기존 제품 사장에서 높은 점유율과 더불어 소비자에게 긍정적인 이미지를 포함한 강력한 브랜드 파워를 보유하고 있어야 하며, 브랜드와 결부된 기능적 및 감성적 가치가 존재해야 한다.

유통 채널 및 OEM 제조업체와 협력해서 시장 트렌드에 부합하는 신속한 신제품 개발이 목표이므로, 개발 전반에 걸친 빠른 의사 결정이 필수적이다. 기존 제품 개발 방식 중 상당수가 고객의 니즈 및 충실한 사전 개발 활동을 포함하기 위해서 게이트 리뷰, 품질전개표 작성 등 Cross-function team의 활동을 필수적으로 요구했으며, 이는 개발 단계에서의 시행 착오를 감소시켰지만 상대적으로 많은 의견 수렴 과정으로 인한 사전 개발 기간의 증가 역시 초래했다.

상생적 신제품 개발에서는 소수의 담당자가 개발을 전담해서 빠른 결정을 내리고 전체적인 과정을 총괄해서 주도해야 하므로, 브랜드가 소규모의 사업부제로 구성되어 있거나 전담 개발 방식을 지원해야 한다. 기존 Cross-function team이 담당하는 역할은 상당 부분 유통 채널 및 OEM 제조업체가 담당하게 되며, 외부에서 받는 제품 개발 관련 사항에 대한 신속한 피드백과 확정이 필요하다. 별도의 매출 및 이익구조를 가진 독립 사업부제가 가장 적합하며, 아이디어부터 제품 출시후까지의 전과정을 책임지고 주도할 소수 인원의 선정과 권한 위임이 가능해야 한다.

여러 분야에 걸친 제품 라인업을 보유한 대기업은 일반적으로 조직이 방대하고 의사 결정 과정이 복잡하므로 이와 같은 빠른 의사 결정에는 적합하지 않으며, 별도의 조직을 구성하는 것도 관료적인 조직 문화로 인해서 비교적 용이하지 않다. 따라서 특정 제품 카테고리에서만 높은 브랜드 가치를 보유한 기업이 보다 상생적 신제품 개발 방안에 적합하다고 할 수 있다. 다만, 이 경우에도 소수의 사내 전문가에게 개발에 관한 모든 권한을 위임하고, 신속한 결정을 위한 내부 지원이 가능해야 한다. 또한 신제품 개발을 담당하는 인원이 실패에 대한 두려움 없이 제품 개발에 능동적이고 도전적으로 임할 수 있도록, 장기적인 안목과 더불어 실패를 용인하는 조직 문화 역시 필요하다.

2) 제품군 특성

상생적 신제품 개발 방안은 개발 기간을 단축시켜 신제품을 신속하게 출시하는 것을 특징으로 하고 있으며, 이 장점의 효과를 극대화할 수 있는 제품 수명 주기가 짧은 제품군에서 보다 효과적으로 적용될 수 있다. 전통적으로 매년 혹은 더 짧은 주기로 신형 모델이 출시되어서 판매량을 견인하는 제품군이 가장 적합하며, 아이디어에서 출시까지의 기간을 고려한다면 6개월에서 2년 미만의 수명 주기를 가진 상품군에서 더욱 효율적이다.

컴퓨터 주변 기기 및 액세서리 시장이 대표적이며, 이 시장에서의 신제품 출시 주기는 보통 1년 내외인 경우가 많다. 해당 기간 내에 아이디어에서부터 제품의 개발 및 상업화까지 모두 진행하기에는 촉박하므로, 많은 브랜드에서 제품의 일부 사양, 색상 및 펌웨어 등을 변경한 모델을 출시하고 있다. 이는 자동차 시장에서 5~7년 정도의 신모델 주기 사이에 페이스리프트 모델을 런칭하는 것과 유사하다고 볼 수 있다. 상생적 신제품 개발은 브랜드, 채널 및 OEM 제조공장의 유기적인 협력을 통한 효율적인 프로세스로 인해서 제한된 개발 기간 내에 기존 제품과 다른 완전 변경 신제품의 개발이 가능하고, 부분 변경의 경우에는 더욱 신속하게 개발을 완료할 수 있다.

기술적인 난이도 역시 고려 대상이며, 특정 기업만이 생산 가능한 고난도의 기술 혹은 특허가 요구되는 제품군은 적합하지 않다. 제품의 생산은 주로 해외 OEM 제조업체가 담당해야 하므로, 특허에서 자유롭고 이미 대중화된 기술을 사용해서 생산할 수 있는 제품군이 적합하다. 여러 제조업체에서 생산 중인 제품이지만, 디자인, 제품 마감, 소프트웨어, UI 및 패키지 등으로 차별화할 수 있는 제품이 가장 적당하다. 상생적 제품 개발 방안에서는 브랜드가 외부 디자인 업체를 통해서 해당 업계에서 도입되지 않은 디자인과 패키지를 제공하므로 기술적인 차별화보다는 디자인의 차별화에 보다 주력한다.

유사한 기조에서 제품의 초기 개발비가 지나치게 높지 않은 제품이 유리하며, 이는 신규 디자인에 따른 제품 설계 및 몰드의 개발과 관련이 있다. 대형 가전 제품과 같은 경우에는 복잡한 기구 설계 및 많은 파트의 신규 개발에 따른 높은 몰드 비용의 부담이 필수적이며, 이는 개발 비용의 증가와 더불어 개발 프로세스 전반에 걸친 상세한 사업성 및 타당성 검토를 수반한다. 필연적으로 여러 관련 부서의 관료적인 승인 절차가 요구되고 결과적으로 신속한 개발이라는 원래의 목적을 상실하게 된다.

브랜드 및 해당 제품군의 사이즈에 따라서 변동 가능성이 있지만 일반적으로 개당 $100,000 이하의 소수의 몰드 개발만을 필요로 하는 제품군에서 효과적이며, 이는 빠른 제품 개발이라는 목표를 달성하기 위해서도 반드시 요구되는 사항이다. 연속적인 제품 개발의 경우에는 일부 기존 몰드를 수정해서 재활용할 수 있는 경우도 발생하며, 이는 기간과 비용의 감축이라는 측면에서 더욱 효과적이다. 낮은 개발비와 몰드 제작 비용은 경쟁력 있는 제품 단가로 이어져서, 브랜드가 판매량 대비 충분한 수량의 사후 서비스용 제품 풀을 운용할 수 있으며 결과적으로 소비자에게 신속한 사후서비스를 제공할 수 있다.

상생적 신제품 개발은 초기 수량을 독점 채널에서 확정 주문하는 방식이므로, 최소 주문 수량(MOQ)이 과도하게 높지 않은 제품군이 부합한다. 목표 시장에 유통망과 노하우를 가진 채널이 참여하지만 해당 브랜드의 진입은 처음이므로 최소 주문 수량이 지나치게 높을 경우 채널의 선정에서 어려움을 겪을 수 있고, 초도 물량의 판매 지연으로 인한 후속 제품의 개발에 차질을 초래할 수 있다.

3) 시장 특성

브랜드 확장을 통해서 인접 시장에 진입하는 것이므로 브랜드의 기존 주력 판매 제품과 유사성이 있는 제품 시장을 선정하는 것이 가장 중요하다. 유사성은 소비자가 받아들이는 주관적인 유사성이므로, 브랜드나 제품 기술 전문가가 아닌 타겟 소비자층이 느끼는 유사성을 기준으로 판단해야 한다. 또한 유사성은 기술이나 기능, 이미지 및 콘셉트와 같은 여러 개의 차원을 가지고 있으므로 어떤 방면의 유사성을 이용한 확장인지를 명확히 설정할 필요가 있다.

일반적으로 상생적 신제품 개발 방안에서는 동일한 소비자군을 대상으로 한 확장 및 유사한 상황에서 사용되는 보완재, 대체재, 대안재로의 확장이 유용하다. 또한 특정 소비자 그룹에게 브랜드 이미지가 강하게 각인된 경우에는, 이미지를 통한 확장이 단독으로 혹은 다른 확장 방안과 함께 사용될 수 있다. 3M 레이저 포인터의 경우 기존 미팅 솔루션 시장에서 압도적인 점유율을 가지고 있는 3M OHP에서 보완재로 확장한 경우이며, 해당 시장에서의 3M의 브랜드 이미지 역시 확장에 이용된 경우이다.

하나 혹은 소수의 브랜드가 시장을 독점 혹은 과점하고 있거나, 일반적으로 인지도가 높지 않은 브랜드가 다수인 시장이 적합하다. 브랜드 확장으로 해당 시장 진입 시에 기존 브랜드의 경쟁 상대 혹은 유일한 브랜드로 포지셔닝할 수 있고, 차별화를 통한 고객 유인이 보다 용이하기 때문이다.

자사의 전반적인 브랜드 이미지 및 인지도가 해당 시장의 1위 브랜드와 비교해서 더 우수하거나 비슷한 경우에 성공적인 제품 출시의 가능성이 높으며, 자사 브랜드의 속성이 소비자들에게 중요하게 받아들여질 수 있는 시장의 선정이 필요하다. 3M 프리젠터의 경우에는 국내 소수 브랜드가 과점중인 시장에 진입해서 유일한 브랜드로 포지셔닝했으며, 3M 브랜드의 높은 기술력이라는 브랜드 속성을 소비자들에게 소구했다.

진입하는 시장은 브랜드 관점에서 상향적 브랜드 확장보다는 하향적 브랜드 확장이 초기 시장 안착에 용이하며, 기술을 기준으로 한 하향적 브랜드 확장에 초점을 맞춘다. 또한 해당 시장의 전형적인 제품에서 덜 전형적인 제품으로 진입하는 것이 확장 성공률을 높일 수 있다. 3M OHP 및 프로젝터에서 레이저 포인터 및 프리젠터로 진행한 확장이 좋은 예이며, 이 경우 기술적으로는 하향적 브랜드 확장이며 미팅 솔루션 시장에서 대표적인 제품으로부터 부수적인 제품으로 확장한 경우이다.

마지막으로 국내 시장의 특수성을 감안해서 적당한 사이즈를 가진 시장을 대상으로 설정할 필요가 있으며, 일반적으로 연 매출 기준 1,000억 원 이하의 시장이 적당하다. 그 이상의 사이즈를 가진 시장과 제품의 경우에는 국내 대기업들의 전략적인 진입이 발생할 수 있으며, 이 경우 특정 시장에서만 강점을 가진 브랜드의 경우에는 자원의 제약으로 인해 경쟁 우위를 담보하기가 어려울 수 있다.

표 3.1 상생적 신제품 개발의 적용 상황

적용 상황 요약		
브랜드 특성	제품군 특성	시장 특성
• 기존 제품 시장에서 1위 or 2위 차지 • 규모는 작지만 강한 브랜드 • 신속한 의사 결정 • 소수의 개발 전담 인력에 권한 위임 • 실패를 용인하는 조직문화	• 짧은 제품 수명 주기 • 특허에서 자유롭고 대중화된 기술 • 활용을 통해 차별화 가능 • 초기 개발비가 높지 않은 제품 • 최소 주문 수량이 적은 제품	• 기존 제품과의 유사성 • 보완재, 대체재, 대안재로의 확장 • 기술 수준 하향적 브랜드 확장 • 소수의 브랜드 or 비브랜드 사이의 경쟁 • 대기업 진입 방지를 위한 중소 규모

(2) 상생적 신제품 개발 모형

상생적 신제품 개발 방안의 기본 모형은 다음 [그림 3.1]과 같다.

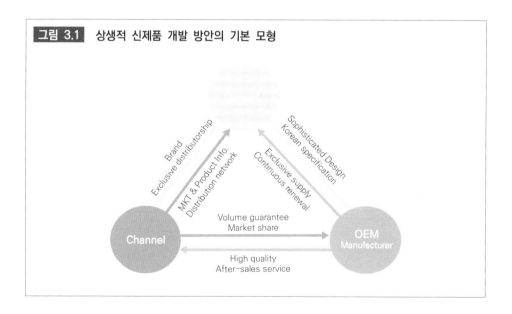

그림 3.1 상생적 신제품 개발 방안의 기본 모형

개발 전반에 걸쳐서 중요 역할을 수행하는 세 주체는 브랜드, 독점 유통 채널 및 OEM 제조업체이며, 각 주체가 담당하는 부분은 다음과 같다.

브랜드는 해당 모형을 처음부터 마지막까지 주도적으로 이끌어가는 주체이며, 제품 개발의 초기 아이디어를 창출하고 채널과 OEM 제조업체를 탐색하고 선정한다. 개발 제품의 유통 채널에게는 진입하는 인접 시장에서 수용 가능한 브랜드 가치와 해당 시장에 독점적으로 제품을 공급할 수 있는 유통 권한을 제공한다. 이를 통해서 해당 독점 채널은 진입 시장에 자사의 기존 유통망 및 추가 유통망을 활용해서, 기존 제품과 유사성이 있는 브랜드의 신제품을 자율적이고 창의적인 방식으로 판매할 수 있다.

브랜드가 OEM 제조업체에게 제공하는 것은 진입 시장에 적합한 제품의 사양과 고객 및 채널의 요구 사항을 반영한 제품 디자인이다. QFD에서는 고객의 니즈를 제품에 반영하기 위해서 여러 단계의 품질관리표를 활용하지만, 상생적 신제품 개발에서는 고객 니즈에 정통한 채널이 직접 신제품 개발의 모든 과정에 참여함으로써, 고객이 원하는 사양이 개발 제품에 반영되도록 한다. 디자인 개발 시에는 일반적으로 외부 디자인 업체를 이용하고, 브랜드의 개발 담당자와 독점 채널의 판매 책임자 및 디자이너가 매번 디자인 개발 미팅에 참여함으로써 시행 착오를 줄이고 개발 기간을 단축할 수 있다. 이는 디자인 씽킹에서 프로토타입을 제작하는 과정과 비교할 수 있으며, 디자인 수정에 판매 채널이 직접 참여함으로써 프로토타입을 통한 제품 테스트 역할을 보다 신속하고 비용 대비 효과적인 방식으로 상당 부분 대체한다.

독점 채널은 진입 시장에서 장시간 해당 제품군을 유통해 온 경험이 있으므로 오랜 업력을 통한 노하우를 바탕으로 시장 및 제품에 대한 정보를 브랜드에 제공한다. 개발하려는 제품군에 대한 고객 및 하부 채널의 니즈와 더불어 경쟁 제품에 대한 해박한 지식을 활용해서 차별화할 수 있는 제품 사양에 대한 정보를 브랜드 및 제품 디자이너에게 정확히 전달하고 제품에 반영되도록 한다. 고객 니즈에 가장 정통한 유통망 말단의 채널과 효과적으로 소통함으로써 가장 최신의 제품 트렌드 및 경쟁사 정보를 확보한다. 또한 장시간 구축해 온 하부 유통 채널망을 브랜드에 제공함으로써, 신제품이 초기에 성공적으로 시장에 공급되고 진행하는 마케팅 캠페인이 효과적으로 수행되어서 목표 고객층에게 전달될 수 있도록 한다.

추가적으로 독점 채널은 초도 물량에 대한 개런티를 통해서 브랜드 및 OEM 제조업체의 개발 실패에 대한 부담을 경감시켜 신제품 개발이 안정적으로 진행될 수 있도록 하고, 중장기적으로 보유한 유통망을 활용해서 시장 점유율을 높이고 제품 출시 후의 개선 및 보완에 관련된 정보를 계속해서 제공함으로써 제조업체가 지속적으로 제품을 생산 및 개선할 수 있는 조건을 제공한다.

OEM 제조업체는 개발하는 신제품에 대해서 한국 시장에 대한 독점 판매권을 브랜드에게 제공한다. 이를 통해서 브랜드는 해당 제품을 국내 시장에서 자율적으로 판매할 수 있고 동일 제품의 등장으로 인한 시장 혼선을 방지할 수 있으며, 독점 판매 유통 채널을 효과적으로 선정 및 활용할 수 있다. 브랜드와 독점 채널이 제공해 주는 시장 정보 및 트렌드를 바탕으로 지속적인 제품 개선과 더불어 후속 제품을 개발 및 공급함으로써, 인접 시장 진출 이후에 지속적인 판매 모델 확대 및 세일 증가를 도모한다.

제조업체는 채널에게 국내 소비자의 눈높이에 맞는 고품질의 제품을 생산 및 공급함으로써 인접시장에서의 브랜드 가치 유지 및 증대에 기여하고, 지속적인 판매량 증가의 토대를 제공한다. 품질로 인한 소비자 불만을 최소화하는 동시에, 발생한 불만 및 불량 건에 대해서 신속한 후속 조치를 통해서 고객 만족을 최대화할 수 있도록 한다. 상생적 신제품 개발 모델에서는 가격 경쟁력의 확보를 위해서 일반적으로 해외 OEM 제조업체의 사용을 권장하므로, 국내 생산 대비 경쟁력 있는 생산 단가와 더불어 짧은 리드 타임 및 제품 공급 스케줄의 정확한 이행 역시 제조업체가 채널에게 반드시 제공해야 할 사항이다.

(3) 프로세스

제2장에서 살펴본 Stage-gate system, Design thinking, QFD, Design to Value를 포함한 다양한 기존 신제품 개발 모델의 전형적인 개발 프로세스와 비교하여, 상생적 신제품 개발 방안의 기본 프로세스는 다음 [그림 3.2]와 같다.

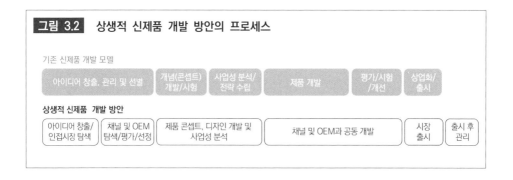

그림 3.2 상생적 신제품 개발 방안의 프로세스

기존 모델 대비 프로세스에서의 주요한 차이점은 다음과 같다.

첫째, 아이디어 창출 이후에 개념 개발을 바로 진행하지 않고, 유통 채널 및 OEM 제조업체를 먼저 선정한다. 이는 독점 유통 채널이 원하는 사양의 제품을 제작해서 공급하는 상생적 신제품 개발의 기본 특성에 기인한다. '2. 플레이어별 세부 조건과 장단점'에서 다뤄질 조건을 만족하는 국내 유통 채널 및 해외 OEM 제조업체를 탐색하고 평가한 후, 가장 적합한 업체를 선정한다.

둘째, 개념 개발과 사업성 분석을 별도의 프로세스로 진행하지 않고, 동일 프로세스상에서 함께 진행한다. 채널의 시장 정보 입력을 바탕으로 제품 콘셉트를 함께 작성하는 동시에 기본적인 디자인 작업과 더불어 제조업체를 통한 기술적인 사항 및 제조 단가에 대한 확인을 수행한다. 디자인과 기능의 지속적인 수정을 통해서 유통 채널 및 시장의 니즈에 부합하는 사양 및 가격 구조에 접근하고, 이 과정에서 독점 채널이 사업성 분석을 진행한다.

셋째, 제품 개발을 브랜드가 독자적으로 수행하지 않고 독점 유통 채널 및 OEM 제조업체와 협력해서 수행한다. 개발 과정의 상세한 내용 및 변경 사항을 채널과 공유하며, 채널의 요구 사항을 적극적으로 반영해서 최종 개발된 상품이 소비자 및 실제 세일즈 인력의 니즈에 정확하게 부합하도록 한다. 제품 패키지, 제품 라벨, 포장 단위, 온라인 마켓용 제품 상세서 등의 제품 관련 제반 사항 역시 협의 과정을 통해서 개발 및 확정되고, 개발 일정의 자세한 공유로 채널이 미리 출시에 대비해서 사전 준비를 할 수 있도록 한다.

넷째, 제품 개발 이후 출시 전에 진행하는 제품 평가/시험/개선의 과정이 불필요하다. 제품 콘셉트, 디자인 및 실제 개발 과정의 전반에 걸쳐서 유통 채널이 적극적으로 참여하므로 개발 이후에 별도로 제품을 평가하고 개선하는 프로세스가 요구되지 않는다.

다섯째, 출시 후 관리 프로세스가 추가되었다. 상생적 신제품 개발은 브랜드, 채널 및 OEM 제조업체가 상호협력해서 제품을 개발하는 모델이고, 개발된 모델은 인접 시장에 성공적으로 진입하고 지속적으로 확장하는 것을 목표로 한다. 초도 제품의 시장 안착과 계속적인 제품 라인 확장을 위해서 출시 이후에도 세 주체가 사후 서비스, 공급 물량 조정, 마케팅 최적화, 제품 개선 및 추후 제품 개발 등에서 협력한다.

상생적 신제품 개발 방안의 프로세스에서 각 단계별 중요한 세부 달성 목표 및 주요 플레이어는 다음 [그림 3.3]과 같다.

그림 3.3 상생적 신제품 개발 방안의 프로세스별 주요 과제 및 플레이어

프로세스	주요 과제	주요 플레이어			
		브랜드	채널	OEM	디자이너
아이디어 창출/ 인접 시장 탐색	• 현제품 분석: 경쟁사, 브랜드 이미지, 주소비자층 • 브랜드 확장이 가능한 인접 시장 정리 • 인접 시장의 매력도 및 리스크 확인 • 현재 주력 제품과의 지각된 유사성 확인 • 경쟁 제품 및 기술 수준 분석				
채널 및 OEM 탐색/평가/선정	• 진입 시장의 주요 채널 정리 • 해외 OEM 제조업체 정보 획득 • 기존 판매 실적 및 제조 실적으로 1차 평가 • 채널 선정: 유통 능력, 초도 물량 확정, 전문성 • OEM 선정: 단가, MOQ, 기술 수준, 국내 독점				
제품 콘셉트, 디자인 개발 및 사업성 분석	• 선정된 시장의 세부 분석 • 경쟁 제품 상세 분석 및 벤치마킹 • 진입 세그먼트 및 제품 사양 확정 • 디자인 시안을 통한 제품 단가, 시장성 분석 • 디자인, MOQ, 단가, 출시 계획 확정		■	■	■
채널, OEM과 공동 개발	• 제품 사양의 최종 확정 • 생산 효율을 위한 세부 디자인 수정 • 기구 설계 및 제품 몰드 개발 • 제품 패키지 개발 • 제품의 국내 인증 획득		■	■	
시장 출시	• 마케팅 툴 개발: 온라인 제품 이미지 포함 • 하부 채널 샘플링 및 제품 트레이닝 • 제품 수입 및 초도 물량 시장 공급 • 다양한 세부 시장에 제품 등록 • 제품 론칭 프로모션 및 PR		■	■	
출시 후 관리	• 제품 제조 및 공급 일정 조정 • 가격을 포함한 마케팅 최적화 작업 • 사후 서비스 설정 및 개선 • 불량 데이터를 근거로 한 제품 개선 • 추후 제품 개발 아이디어 도출		■	■	■

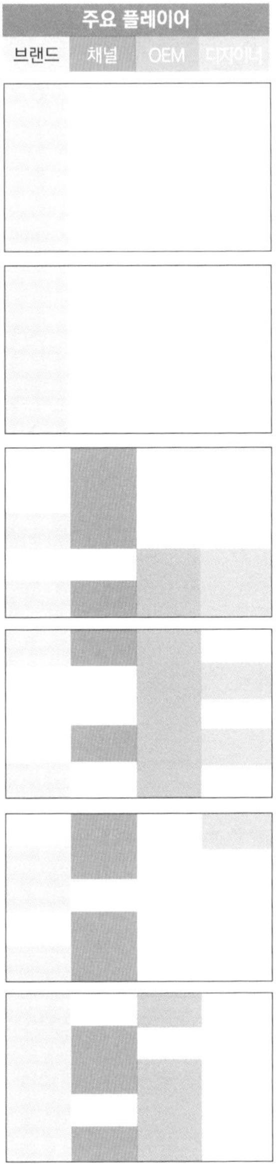

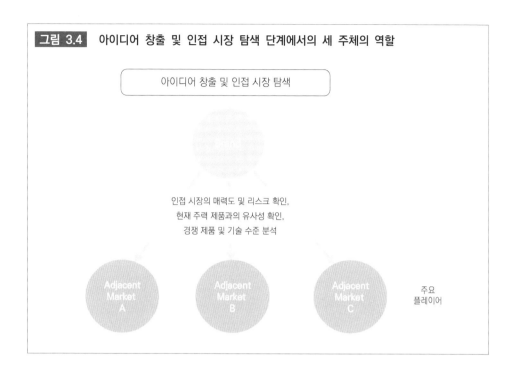

그림 3.4 아이디어 창출 및 인접 시장 탐색 단계에서의 세 주체의 역할

프로세스의 첫 단계는 신제품에 대한 아이디어를 창출하고 인접 시장을 탐색하는 것이다. 이 단계는 브랜드에서 자체적으로 수행하며, 현재 높은 시장 점유율을 확보하고 있는 주력 판매 제품에 대해서 주소비자층을 분석하고 해당 계층에서의 브랜드 이미지를 파악하는 것에서 출발한다.

현 제품의 보완재, 대안재, 대체재와 더불어 주요 경쟁사의 브랜드 확장 제품을 검토하고, 주소비자층의 충족되지 못한 니즈를 발굴해서 진입 가능한 인접 시장의 목록을 작성한다. 온라인 마켓 또는 가격 비교 사이트의 제품 분류를 검토하는 것도 도움이 된다. 자사 브랜드와의 적합성, 시장의 사이즈, 성장률, 경쟁 브랜드 및 제품, 제조에 필요한 기술 수준 등을 기준으로 인접 시장을 평가하고, 최종 진입할 시장을 선정한다.

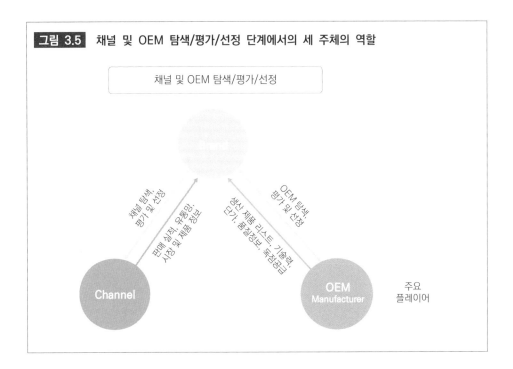

그림 3.5 채널 및 OEM 탐색/평가/선정 단계에서의 세 주체의 역할

채널 및 OEM 탐색/평가/선정

채널 탐색, 선정 평가 및 선정

판매 실적, 유통망, 평가 시장 및 제품

OEM 탐색, 평가 및 선정

생산 제품 리스트, 기술 력, 단가, 품질정보, 독점 여부

Channel

OEM Manufacturer

주요 플레이어

두 번째 단계는 채널 및 OEM을 탐색 및 평가하고 최종 선정하는 단계이다. 역시 브랜드에서 전적으로 진행하며, 전 단계에서 선정한 인접 시장의 주요 채널 및 해외 OEM 제조업체 리스트를 작성한다.

채널의 정보는 기존 제품의 판매 채널이나 온라인 마켓의 셀러 정보를 통해서 획득할 수 있으며, 해외 OEM 정보는 해외 전시회나 소싱 전문 사이트 및 경쟁 제품의 제조사 정보를 통해서 확보할 수 있다. 채널의 평가는 신규 브랜드와의 협업 의지, 진입 시장에 대한 경험과 전문성, 보유한 하부 유통망의 능력 및 초도 물량 소화력 등을 고려해서 진행한다.

해외 OEM 업체는 제조 기술 수준, 동종 제품 생산 이력, 국내 독점 공급 여부, 단가 및 최소 주문 수량(MOQ), 사후 서비스 능력 등을 위주로 평가하고 가장 적합한 업체를 선정한다.

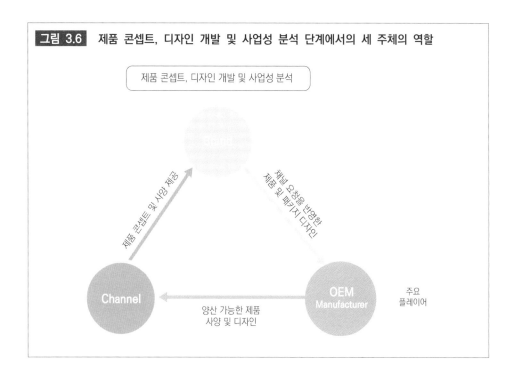

그림 3.6 제품 콘셉트, 디자인 개발 및 사업성 분석 단계에서의 세 주체의 역할

세 번째 단계는 제품 콘셉트와 디자인 개발 및 사업성 분석이다. 이 단계에서는 선정된 유통 채널이 주도적인 역할을 수행하며, 선정된 진입 시장에 대한 풍부한 경험 및 지식과 경쟁 제품의 분석, 벤치마킹을 통해서 진입 대상 세그먼트 및 개발 제품 사양에 대한 정보를 제공한다. 이를 바탕으로 브랜드는 외부 디자인 업체를 통해서 디자인 시안을 작성하고, OEM 제조업체와 제조상 필요한 기술 문제와 단가, 최소 주문 수량, 몰드 개발 비용, 생산을 위한 초도 디자인의 변경 등을 협의한다.

디자인 개발에서는 브랜드 및 채널이 처음부터 끝까지 함께 참여해서 유통 채널이 주지하고 있는 소비자의 니즈가 최대한 제품 디자인 및 사양에 반영되도록 노력하며, 디자이너와 제조업체의 즉각적인 수정 및 피드백을 통해서 불필요한 시간과 노력의 낭비를 방지한다. 확정된 디자인, 기능, 단가 및 최소 주문 수량(MOQ)를 통해서 채널이 최종적으로 사업성 분석을 진행하며, 초도 주문 수량 확정을 포함한 제품 개발을 결정한다.

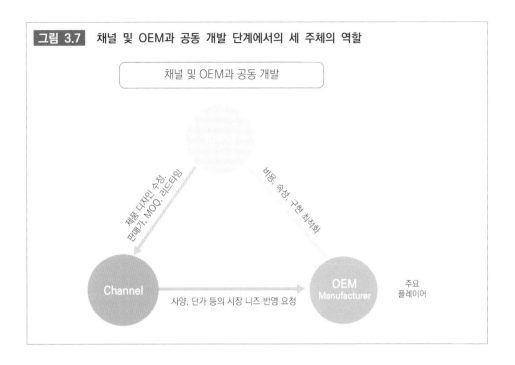

그림 3.7 채널 및 OEM과 공동 개발 단계에서의 세 주체의 역할

채널 및 OEM과 공동 개발

제품 디자인 수정,
판매가, MOQ, 리드타임

비용, 속성, 구현 최적화

Channel

사양, 단가 등의 시장 니즈 반영 요청

OEM
Manufacturer

주요
플레이어

    네 번째 단계는 본격적인 제품 개발이며, 이 단계에서는 OEM 제조업체가 많은 부분을 담당하고 브랜드 및 채널이 협력하는 형태를 취한다. 개발에 착수하기 위해서 제품 사양과 디자인을 최종 확정하고, 이를 바탕으로 제조업체는 제품 개발을 진행한다.

    생산 과정의 효율화 및 비용 절감을 위해서 제품 마감과 색상 등의 세부 디자인 수정이 필요할 경우가 있으며, 제조업체가 비용, 속성, 구현의 최적화를 위해서 수정 사항을 제공하면 디자이너가 이를 보완하고 브랜드와 채널이 최종 협의해서 변경 사항을 확정한다.

    유통 채널 역시 추가적인 고객 니즈의 반영을 요청할 수 있으며, 펌웨어 변경 등의 수용 가능한 경우에는 적극 반영한다. 확정된 디자인을 바탕으로 몰드 개발을 진행하고 동시에 채널의 요구 사항과 최신 트렌드를 참조하여 제품 패키지 개발을 진행한다. 국내 인증이 필요한 제품의 경우에는 브랜드가 제조공장의 협조를 받아서 인증용 샘플을 통한 인증 테스트를 수행하고, 취득한 인증 정보를 제품 패키지 및 라벨에 표기한다.

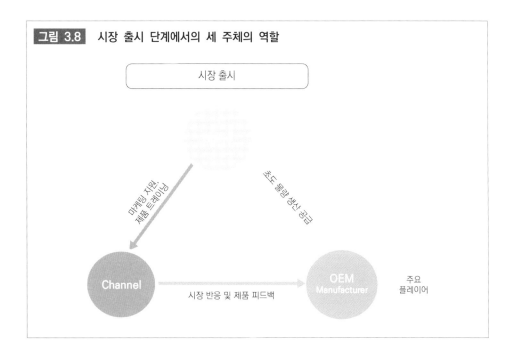

그림 3.8 시장 출시 단계에서의 세 주체의 역할

시장 출시

마케팅 자원,
제품 트레이닝

초도 물량 생산 공급

Channel

시장 반응 및 제품 피드백

OEM
Manufacturer

주요
플레이어

    다섯 번째 단계는 개발된 신제품을 목표 인접 시장에 실제로 출시하는 단계이며, 독점 유통 채널이 주도적인 역할을 수행한다. OEM 제조공장은 세 번째 프로세스인 제품 콘셉트, 디자인 개발 및 사업성 분석 단계에서 설정된 출시 기간에 맞추어 확정된 디자인 및 사양에 부합하는 제품을 생산해서 국내 시장에 공급한다.

    브랜드는 개발 단계에서 취득한 제품 인증 정보를 토대로 제품을 수입한 뒤, 제품 판매에 필요한 온라인 이미지 및 동영상 등을 개발하고 채널을 대상으로 제품 트레이닝을 진행한다. 온라인 이미지 등을 개발할 때는 채널 및 제품 디자이너와 협업해서 해당 제품의 장점을 가장 잘 부각시키고, 판매할 온라인 마켓의 특성에 부합하는 마케팅 자료를 함께 제작할 수 있도록 한다. 제품 트레이닝의 경우에는 독점 유통 채널의 영업 시원 이외에도 필요시 하부 유통 채널의 직원들에게도 진행함으로써 제품의 특장점이 타겟 고객층에 정확히 전달될 수 있도록 한다.

    채널에서는 제작된 마케팅 툴과 기존의 하부 유통망을 활용해서 신제품을 다양한 시장에 등록하고 판촉활동을 전개한다. 브랜드와 협의해서 기존 주요 고객들에게 샘플링을 진행하고 체험단, PR, 키워드 광고, 배너 광고 등의 온라인 및 오프라인 마케팅 활동을 실행한다. 또한 초기 시장 반응을 브랜드에 실시간으로 전달해서 마케팅 캠페인의 수정 및 보완을 도모한다.

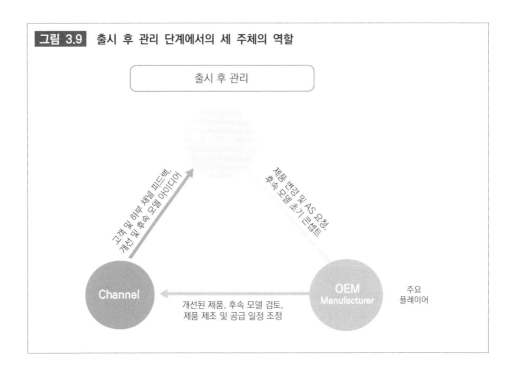

그림 3.9 출시 후 관리 단계에서의 세 주체의 역할

출시 후 관리

고객 및 하부 채널 피드백,
개선 및 후속 모델 아이디어

제품 변경 및 AS 요청,
후속 모델 초기 콘셉트

Channel

개선된 제품, 후속 모델 검토,
제품 제조 및 공급 일정 조정

OEM
Manufacturer

주요
플레이어

마지막 여섯 번째 단계는 제품이 출시된 이후에 진행하는 출시 후 관리이며, 초도 물량이 판매되면서 확보되는 고객 및 하부 판매 채널의 제품 피드백을 채널이 수집해서 브랜드에게 전달한다. 또한 제품의 품질 불량, 색상, 마감, 펌웨어, 패키지, 마케팅 자료 등의 개선 사항에 대한 요구 및 기능이나 가격 측면에서 상위나 하위의 세그먼트로 진입할 수 있는 후속 제품에 대한 아이디어도 함께 수집해서 전달한다. 이런 활동 때문에 출시 후 관리에서는 독점 유통 채널이 가장 중요한 역할을 수행한다.

브랜드에서는 채널에서 제공받은 정보를 토대로 현제품의 개선 및 사후 서비스를 OEM 제조공장에 요청한다. 초기 불량의 경우에 신속한 대처가 필수적이며, 이를 위해서 일반적으로 교환용 제품 풀을 유지하고 고객에게 먼저 신제품으로 교체해 준 이후, 추후에 해외 제조 공장에서 수리해 오는 방식을 취한다. 또한 후속 모델에 대한 채널의 아이디어와 경쟁사 벤치마크 및 시장 트렌드를 반영해서 후속 모델 초기 콘셉트를 개발하고 이를 제조공장에 전달한다.

OEM 제조공장에서는 초도 제품 불량에 대한 데이터를 토대로 제품을 개선하고 후속 모델의 콘셉트를 검토해서 생산 가능한 사양 및 견적을 도출한다. 또한 제품 판매 데이터를 토대로 생산 일정을 조정해서, 제품의 제조 및 공급 일정에 차질이 없도록 한다.

 ## 2. 플레이어별 세부 조건과 장단점

앞서 '(1) 적용상황'에서 살펴본 바와 같이 상생적 신제품 개발 방안이 효과적으로 작동하기 위해서는 브랜드, 제품 및 진입 시장의 특정한 적용 상황이 만족되어야 한다. 마찬가지로 개발 과정의 전 영역에서 주도적인 역할을 수행하는 브랜드, 독점 유통 채널 및 OEM 제조공장의 세 주체에게도 효과적인 개발을 위한 필요 조건이 있으며, 이는 밀접한 협업을 필요로 하는 모델의 특성상 셋 중 하나라도 이탈하거나 역할을 제대로 수행하지 못한다면 신제품 개발이 좌초하거나 목표한 결과를 달성할 수 없기 때문이다. 개발의 주축을 이루는 세 플레이어가 상생적 신제품 개발 방안의 프로세스상에서 각자의 역할을 충실히 수행할 수 있는 필요 조건을 브랜드, 채널 및 OEM 제조공장별로 구체적으로 살펴본다.

(1) 플레이어별 필요 조건

1) 브랜드의 필요 조건

이전의 브랜드의 적용 상황에서 상술한 바와 같이, 인접 시장으로의 브랜드 확장을 위해서는 브랜드가 특정 시장에서 1위 혹은 2위 그룹의 위치를 차지하고 있어야 한다. 기존 점유 시장의 크기가 크고 대중적인 인지도가 높을수록 바람직하지만, 더욱 중요한 것은 기존 제품과 새롭게 개발하고자 하는 제품 사이에 타겟 소비자의 관점에서 지각된 유사성이 존재하고 목표 소비자층이 브랜드에 호의적인 연상을 가지고 있어야 한다는 점이다.

나이키가 운동화 시장에서의 성공을 바탕으로 유사한 카테고리인 스포츠 의류,

액세서리 및 운동기구를 개발하고, 3M이 연마재 및 산업용 테이프 시장에서의 기술력이라는 3M 브랜드 콘셉트를 바탕으로 작업용 장갑 시장에 진출한 것이 좋은 예이다. 이렇듯 유사성이 존재하는 인접 시장으로 진입하는 경우에는 기존 제품의 브랜드 가치 및 이미지가 확장 제품으로 보다 쉽게 전이되어 고객의 신제품 수용을 촉진할 수 있다.

개발의 다른 두 주체인 독점 유통 채널, OEM 제조공장과 더불어 외부 디자이너를 포함한 개발회의가 수시로 진행되어야 하고, 상생적 제품 개발 방안의 장점인 빠른 제품 개발 주기를 달성하기 위해서 신속한 의사 결정이 가능한 소수의 인력이 개발을 전담해야 한다. 소규모 사업부제가 가장 적합한 조직 구조이며, 전담 프로젝트 팀을 구성해서 진행할 수도 있다. 개발을 담당하는 소수의 인원에게 개발에 대한 모든 권한을 위임할 수 있어야 하며, 개발 기간 단축을 위해서 불필요한 자료 제작 및 내부 회의를 최소화할 수 있는 조직 문화가 뒷받침되어야 한다.

기존 시장에서의 성공을 바탕으로 인접 시장으로 진출하려는 의지가 강한 브랜드가 적합하다. 라인 확장을 충분히 진행했거나 성과를 거두지 못해서 새로운 제품 카테고리로 진입하고자 하는 경우도 해당하며, 높은 매출과 성장률을 달성하기 위해서 현재의 사업 영역이 아닌 새로운 제품군에 도전할 수 있는 위험을 감수할 수 있어야 한다. 또한 자체 제조만을 고집하지 않고 해외 OEM 제조업체를 통한 제품 생산 방식을 도입할 수 있어야 하며, 이를 위해서 해외 제품 검수 및 수입이 가능한 시스템을 구비하고 있어야 한다.

가장 중요한 요건 중의 하나는 기존 주력 제품의 유통 채널을 배제하고 확장 제품에 정통한 신규 독점 채널을 선정할 수 있어야 한다는 점이다. 국내 시장에서 오랜 기간 사업을 영위해 온 브랜드들은 대부분의 경우에 다수의 유통 채널을 보유하고 있으며, 브랜드 제품 담당자와 채널 사이에 깊은 유대관계가 존재하고 특정 모델 및 영업 구역을 할당 받기 위한 정치적인 결탁 및 알력이 존재한다. 이런 상황에서 브랜드가 인접 시장에 진출할 경우, 기존 채널 및 담당자들로부터 특정 기존 채널을 사용하라는 압력이 발생할 수 있으며 실무자가 이 요청을 거부하기는 쉽지 않다. 하지만 기존 채널들은 신규 진입 시장에 대한 경험과 인사이트, 하부 유통망을 가지고 있지 않으며 따라서 상생적 신제품 개발에서 필수적인 시장 및 제품 정보 입력, 판매 수량 개런티를 할 수 있는 능력이 부족하다. 그러므로 이러한 정치적인 압력을 극복하고 진입하는 인접 시장에서 오랜 경험과 능력을 가지고 있는 신규 독점 채널을 발굴하고 선정할 수 있는 상황이 마련되어야 하며, 이는 고위 관리자의 적극적인 지지로 달성할 수 있다.

마지막으로 제품 개발을 위한 투자가 가능해야 하며, 제품 디자인 개발, 몰드 제작, 국내 인증 획득 및 마케팅 활동 등에 지원이 필요하다. 디자인, 몰드 및 국내 인증에 필요한 비용은 '3. 상생적 신제품 개발 프로세스의 안정화 전략'에서 상술할 활용(exploitation)을 통해서 모델당 투자비를 절감할 수 있다.

2) 채널의 필요 조건

채널은 진입하고자 하는 인접 시장에서 오랜 기간 영업 활동을 지속해 왔으며, 현재에도 하부 유통망을 보유해서 확장 제품군을 적극적으로 취급하고 있어야 한다. 자체 유통망을 통해서 확장 제품이 주로 판매되는 온라인 및 오프라인 매장에 접근 가능해야 하며, 주요 판매처와 긴밀한 관계를 유지할 필요가 있다.

해당 제품군에 대한 많은 판매 경험을 통해서, 소비자의 니즈, 경쟁사 및 경쟁 제품 정보, 마켓 트렌드, 시장 유통 가격, 기술 동향 등의 정보에 해박하고 시장 및 제품에 대한 인사이트를 브랜드에 제공할 수 있어야 한다. 이는 신제품 개발에 대한 시장 정보를 대부분 독점 채널이 공급하는 상생적 신제품 개발의 특성상 필수불가결한 부분이며, 하부 채널 및 소비자의 니즈까지 함께 수용 및 정리해서 제공할 수 있어야 한다.

또한 새로운 브랜드 및 제품에 대한 강한 출시 의지를 가지고 있어야 하며, 주도적인 영업 활동을 희망하는 채널이 적합하다. 인접 시장에서 오랜 업력을 가지고 있는 채널은 당연히 해당 시장의 타사 브랜드 제품을 취급하고 있고, 소비자 인지도가 일정 부분 담보된 브랜드들은 대부분의 경우에 복수의 채널을 통해서 제품을 유통하고 있다. 시장별로 채널을 구분한 곳도 있지만, 온라인 시장이 급속도로 성장하고 가격 비교 사이트 등을 통해서 일반 소비자가 자유롭게 제품 사양 및 가격을 비교할 수 있는 현 상황에서는 동일 시장에서 동일 제품으로 다수의 판매자가 경쟁하는 상황이 불가피하다. 이를 피하기 위해서 일부 브랜드들은 제품 명의 마지막 알파벳이나 숫자를 시장별로 다르게 표기하고 있기도 하지만, 이 역시 임시방편일 뿐 완벽한 해결책은 아니다. 이런 상황에서는 결국 다수의 판매자가 최저가 경쟁을 벌일 수밖에 없으며, 브랜드와 채널은 온라인 판매 가격 유지에 불필요한 노력을 기울이고 결국에는 판매 마진의 감소로 인한 제품 판매량 하락으로 이어지는 것이 현실이다.

많은 유통 채널이 이와 같은 상황을 타개하기를 원하고 있고, 무의미한 온라인 가격 전쟁에서 탈피해서 자신만이 가지고 있는 제품을 통한 주도적인 마케팅 및 세일즈 활동을 진행하는 것을 희망하고 있다. 특정 브랜드의 독점 유통 제품을 가진다는 것은 판매량에 대한 부담에도 불구하고 하부 유통망의 유지와 신규 마켓 진입에 있어서 상당한 장점을 가지고 있으며, 이는 해당 유통채널이 성장할 수 있는 중요한 계기가 될 수 있다. 이러한 새로운 브랜드, 독점 제품 및 성장에 대한 열망이 있으며, 독점의 반대 급부인 초도 물량 개런티로 인한 재고 부담을 적극적으로 수용할 수 있는 채널이 가장 적합하다.

진입 시장에서 1위의 위치를 차지하고 있는 채널은 대부분 1위 혹은 상위 브랜드와 밀접한 관계를 유지하고 있으며, 큰 폭으로 현 상황의 변화를 모색하지 않는다. 또한 현재 거래 중인 브랜드와의 관계를 손상시키면서까지 새로운 브랜드의 제품을 출시할 유인이 크지 않다. 따라서 상생적 신제품 개발에 적합한 채널은 1위 채널이 아니라 2위 그룹의 위치를 차지하고 있는 업체가 적합하며, 해당 업체들은 새로운 제품 및 브랜드를 통해서 성장하고 독점 유통을 통해서 시장 구조를 변화시키기를 희망하기 때문이다.

3) OEM 제조업체의 필요 조건

인접 시장에 신규로 진입할 경우 특히 가격 경쟁력이 중요하고 이를 위해서 국내 업체보다는 해외의 OEM 제조업체를 파트너로 선정하는 경우가 있다. 상생적 신제품 개발에서도 시장 경쟁력 확보를 위해서 해외 OEM 업체를 사용하는 것을 적극 권장하며, 해당 업체는 한국 시장에 진출하지 않았거나 적어도 해당 제품군이나 모델이 국내에 출시되지 않은 상태여야 한다. 이는 국내 시장에서 동일하거나 유사한 제품이 유통됨으로써 확장 제품의 브랜드 가치와 가격을 포함한 마케팅 활동 전반 그리고 하부 유통망의 손상을 방지하기 위한 필수 요건이며, 개발 이전에 한국 시장에 대한 독점 공급을 확약받는 것이 필요하다.

OEM 제조업체는 확장 제품에 대한 풍부한 기존 제조 경험을 보유하고 있으며, 제공되는 제품 디자인 및 사양에 따라서 기구설계 및 소프트웨어를 포함한 개발 능력을 보유해야 한다. 한국 시장에 맞는 새로운 디자인을 제공했을 때 이를 효과적인 생산 가능 디자인으로 변환하고 내부 상세 설계 및 몰드를 제작할 수 있어야 하며, 이런 제품 수정 과정 전반에 대한 빠른 피드백과 소통이 가능해야 한다. 제품 패키지도 동일하며 기존에 제작하지 않았던 신규 패키지에 대해서도 빠른 개발과 공급이 가능해야 하고, 이는 하부 공급업체와의 긴밀한 협조를 통해서 가능하다. 한국의 확장 제품 관련 인증 및 법규를 충족하기 위해서 제품의 기술적인 수정이 가능해야 하고, 인증 테스트를 위한 별도 사양의 샘플을 제작 및 공급할 수 있어야 한다.

국내 시장의 기준에 부합하는 품질 수준의 달성과 초도 물량에 대한 피드백을 바탕으로 한 제품 개선을 지원해야 한다. 소비자가 클레임을 제기한 품질에 문제가 있는 제품에 대해서는 확정된 사후 서비스 규칙에 따라서 보증 기간 내에는 무상으로, 기간이 만료된 제품에 대해서는 합리적인 비용으로 서비스가 제공되어야 한다. 서비스 데이터의 축적을 바탕으로 제품 개선을 시행해서, 장기적으로 불량률을 감소시키려는 노력이 필요하다.

초기 시장 진입 시에는 한 제품으로 시작하지만, 초도 제품의 시장 안착 이후에는 빠르게 후속 제품을 출시해서 마켓 커버리지를 넓힐 필요가 있다. 이를 위해서 OEM 제조업체는 신속한 추가 제품의 개발 및 생산 능력을 가지고 있어야 한다.

마지막으로 해당 제품군에서 가장 많은 생산량을 가지고 있는 선도적인 업체보다는 기술력이 있는 중소규모의 업체가 적합하다. 선도 업체는 안정적인 품질과 생산 능력을 보유하고 있지만, 상대적으로 많은 최소 주문 수량과 높은 단가를 요구한다. 과도한 최소 주문 수량은 독점 유통 채널의 선정에 있어서 방해 요소로 작용하고 높은 단가 역시 시장 경쟁력을 감소시킨다. 따라서 보다 낮은 주문 수량과 단가를 제공할 수 있는 중소 규모의 업체이지만, 기술력과 신뢰성을 가진 회사를 선별해서 진행하는 것이 중요하다.

표 3.2 **상생적 신제품 개발의 필요 조건**

필요 조건 요약		
브랜드	채널	OEM 제조업체
• 기존 제품과 확장 제품 간의 유사성 • 인접 시장 진출 의지 • 해외 OEM 제조업체를 통한 생산 • 기존 채널 제외 및 신규 채널 선정 • 제품 개발 초기 투자	• 확장 제품 시장에서의 유통망 확보 • 확장 제품군에 대한 인사이트 • 새로운 브랜드 도입 의지 • 독점 제품을 통한 주도적 영업 희망 • 시장 변화를 원하는 2위 그룹의 업체	• 가격 경쟁력 있는 해외 생산 업체 • 한국 시장에 미진출 및 독점 공급 • 확장 제품에 대한 경험 및 개발 능력 • 높은 품질 수준 및 AS 제공 • 기술력 있는 중소 규모의 업체

(2) 플레이어별 기회 요인

1) 브랜드의 기회 요인

상생적 신제품 개발 방안을 통해서 신제품을 개발하는 브랜드는 기본적으로 인접 시장 진입을 목표로 한다. 따라서 개발된 확장 제품을 현재 주력 제품과 유사성이 있는 인접 시장에 출시함으로써 자연스럽게 시장 다각화를 달성하게 된다. 또한 신규 제품 출시로 제품 다각화도 달성할 수 있으며, 이를 통해 특정 시장이나 제품에 편중된 기업의 리스크를 분산하고 새로운 성장 동력을 확보할 수 있다. 상생적 신제품 개발의 특성상 최소한의 비용과 기간으로 신제품을 개발할 수 있고 독점 유통 채널의 초도 주문 물량 개런티로 인한 초기 실패의 위험이 낮은 만큼 브랜드의 관점에서는 효율적으로 신규 제품을 개발할 수 있다.

또한 초도 확장 제품이 성공한 다음에는 동일한 프로세스를 이용해서 기존의 채널, OEM 제조공장 혹은 새로운 채널 및 제조공장과 협력해서 가격이나 품질, 기능 측면에서 라인 확장을 신속히 진행할 수 있다. '3. 상생적 신제품 개발 프로세스의 안정화 전략'의 이론적 배경에서 설명할 활용(exploitation)을 통해서 라인 확장 시 색상, 마감, 펌웨어 및 패키지 등의 변경을 통해서 더욱 신속하고 투입 비용 대비 효과적인 방식으로 신제품을 추가 개발할 수 있다.

특정 인접 시장에서 상생적 신제품 제품 개발 방안을 이용해서 성공적으로 여러 제품을 출시한 이후에는 다른 인접 시장에도 진출할 수 있다. 기존 개발 경험과 리소스를 바탕으로 보다 효율적이고 신속하게 진행할 수 있으며, 이러한 추가 확장의 과정에도 브랜드 자체의 투자 비용은 크지 않으므로 최소화된 리스크로 여러 유사성을 가진 시장에 진출할 수 있다. 3M의 경우에는 OHP 및 프로젝터에서 레이저 포인터, 프리젠터 시장으로 진입했고, 이후 마우스, 키보드, USB hub 등의 인접 시장으로 확대해 나갔다.

OEM 방식으로 제품을 조달하므로 제품 생산 설비에 대한 투자부담이 없고, 수요의 변화에 대해서 탄력적으로 대응할 수 있으며 외주를 통한 빠른 제조 역량 확보가 가능하다. 필요시 동일 OEM 제조공장의 설비와 제조 능력을 사용해서 다른 카테고리의 제품을 기획하고 생산할 수 있다. 복수의 제조 공장을 유지할 경우에는 더욱 신속한 제품 개발이 가능하며 경쟁을 통해 보다 좋은 조건으로 제품 조달이 가능하고, 각 제조 공장의 특성과 장점에 맞는 제품을 할당해서 개발 및 생산을 진행할 수 있다. 또한 제조 공장의 이탈로 인한 리스크를 최소화할 수 있다.

채널의 경우에도 확장 제품을 위한 신규 독점 채널을 개발할 수 있고, 해당 채널을 통한 새로운 비즈니스 기회를 발굴할 수 있다. 채널이 보유하고 있는 하부 유통망이나 밀접한 관계가 있는 시장에 적합한 제품을 개발해서 추가 확장을 진행할 수 있다.

브랜드가 인접 시장에 성공적으로 진입했을 경우, 확장 제품을 통해서 브랜드 인지 범위가 증가하고 브랜드와 소비자의 연관성이 추가되어 브랜드와 소비자의 관계 강도가 증가한다. 또한 강화된 브랜드 이미지를 통해서 추가 브랜드 확장을 더욱 용이하게 진행할 수 있다.

2) 채널의 기회 요인

상생적 신세품 개발 방안에서는 독점 유통 채널이 확장 모델을 인접 시장에 출시하고 공급하는 역할을 담당한다. 해당 채널은 '채널의 필요 조건'에서 상술한 바와 같이, 해당 시장에서 오랜 기간의 경험을 통해 고객과 제품에 대해서 깊은 이해와 인사이트를 가지고 있으며 이를 바탕으로 주도적인 영업 및 마케팅 활동을 전개하고자 한다. 하지만 기존 타브랜드 제품의 경우에는 복수의 채널이 동일한 제품을 유사한 시장에 공급하고 있으므로 차별적인 영업 활동과 매출 신장에 많은 제약이 있으며, 이 부분을 개선하길 원하는 채널이 상당수 존재한다.

상생적 개발 방안의 채널은 독점 유통을 통해서 기존 복수 채널 체제에서 가져야 했던 대부분의 한계 및 제약에서 탈피할 수 있다. 무엇보다도 개발이 완료된 제품을 일방적으로 공급받는 것이 아니라 제품 개발 초기 단계부터 원하는 제품 사양을 제공하고 개발의 모든 단계에서 주도적으로 참여함으로써, 정확하게 원하는 사양과 디자인, 가격대의 제품을 만들고 이를 유통할 수 있다.

시장, 소비자 및 경쟁사 정보에 능통한 채널의 요청을 수용해서 제작된 제품은 성공적으로 시장에 진입할 가능성이 높으며 이를 통해서 채널은 새로운 모델과 브랜드를 자사 포트폴리오에 추가함으로써 신규 성장 동력과 더불어 기존 브랜드에 대한 의존도를 줄여서 리스크를 분산시킬 수 있다.

또한 독점 유통을 통해서 유통 가격과 마케팅, 하부 채널 구성 등에 대해서 주도권을 가지고 신속하고 자율적인 결정을 내릴 수 있다. 가격 비교를 통한 무의미한 가격 인하 경쟁에서 벗어나서 프로모션을 포함한 창의적인 마케팅 활동을 가능하게 한다. 자사가 원하는 제품을 희망하는 방식으로 판매할 수 있다는 것은 채널의 입장에서는 '내 제품'이라는 인식을 고취시켜 제품에 대한 이해도와 집중도를 향상시키고, 장기적으로 복수 채널 유통 제품 대비 판매량 증대 및 시장 점유율 확대로 이어질 확률이 높다.

독점 제품과 신규 브랜드라는 차별점을 이용해서 새로운 세분시장에 보다 용이하게 진입할 수 있으며, 신규 하부 채널을 모집하고 추가할 수 있다. 가격 및 마케팅에 대한 주도권을 통해서 세분시장별로 차별화된 판매 조건을 전략적으로 시행할 수 있으며, 이를 통해 추가적인 성장을 도모할 수 있다.

마지막으로 짧은 신제품 개발 기간을 통해서 제품 수명 주기 및 경쟁사보다 빠르게 신제품을 추가하고 제품 라인을 늘릴 수 있다. 소비자의 선호 및 시장 트렌드가 급속히 변화하는 제품군에서는 이러한 장점의 효용이 더욱 극대화되며, 타사 브랜드 및 채널 대비 경쟁우위를 제공한다.

3) OEM 제조업체의 기회 요인

상생적 신제품 개발 방안에서는 가격 경쟁력을 위해서 해외 제조업체의 사용을 권장하며, 해당 업체는 한국 시장에 진출하지 않았거나 적어도 해당 제품군이나 모델을 국내 시장에 출시하지 않은 상황이어야 한다. 따라서 제조업체에게는 한국이라는 새로운 시장에 진출할 수 있는 것이 가장 큰 기회 요인이 된다. 많은 경우에 중국이나 동남아에 있는 생산공장이 선정되므로, 배송 및 사후서비스 제공에 대한 부담이 비교적 크지 않은 상태로 신시장에 진출하고 새로운 성장 동력을 확보할 수 있다.

한국 시장은 트렌드에 민감하고 소비자의 기대 수준 및 전반적인 상품의 품질이 OEM 제조업체가 위치한 국가보다 높은 편이므로, 한국 시장에 맞는 제품을 함께 개발함으로써 보다 진보된 디자인과 패키지, 제품 마감 방식, 파우치 등의 부속 액세서리 등에 대한 정보와 기술을 습득하고 이를 다른 고객사의 제품 혹은 다른 카테고리의 자사 제품에 적용할 수 있다.

또한 국내 법규에 맞게 제품 기술 사양을 조정하고 인증 테스트를 통과해야 하므로, 기술적 진보와 더불어 자연스럽게 한국 시장의 기술 규제 및 제품 표시 사항 등의 제품 인증 관련 정보를 습득하고 이를 다른 제품에도 적용할 수 있다.

상생적 신제품 개발 방안에서는 개발된 신제품에 대해서 기본적으로 한국 내 독점 공급만을 요구하므로, 제조업체는 개발된 확장 제품을 마감 및 패키지 등의 최소한의 변경을 통해서 자국이나 한국을 제외한 타국에 판매할 수 있다. 이를 통해서 제조업체는 보다 큰 시장으로의 수출을 통한 추가적인 성장 기회를 확보할 수 있고, 브랜드는 제조업체의 보다 적극적인 협력과 더불어 몰드 등의 개발비 일부를 협상을 통해 절감할 수 있다.

초도 개발 물량에 대한 시장 반응과 품질 수준이 적합할 경우 신속하게 후속모델을 개발해서 라인 확장을 진행하는 개발 모델 특성상, 제조업체는 지속적인 제품 모델 수 증가로 인한 생산 수량 확대를 기대할 수 있다. 여러 후속 모델이 성공적으로 개발되고 안정적으로 생산 및 공급된다면, 다른 유사 시장으로의 진입 시에도 해당 제조업체가 생산을 담당해서 기타 제품 시장으로의 진입도 가능하다. 브랜드와 OEM 제조업체 사이에 장기간에 걸친 신뢰와 유대가 성립된 경우에는 제조업체가 생산 노하우, 제조 프로세스에 대한 기술 지식과 다른 고객사 제품을 제조한 경험 등의 공급자 인사이트를 반영해서 제품 개선 및 수정안 혹은 신제품 기획안을 브랜드에게 제시할 수도 있으며, 이는 브랜드와 제조업체 모두에게 새로운 성장 기회를 제공할 수 있다.

표 3.3 **상생적 신제품 개발의 기회 요인**

기회 요인 요약

브랜드	채널	OEM 제조업체
• 인접 시장 진출 • 다각화로 매출 증가, 리스크 분산 • 라인 확장 및 다른 인접 시장 진입 • 신규 채널, OEM 공장의 능력 활용 • 브랜드 자산 증가	• 신규 제품 및 브랜드 추가 • 기존 브랜드에 대한 의존도 감소 • 독점 모델을 통한 자율성 확보 • 새로운 세분시장 및 유통망 개발 • 라인 확장으로 판매 모델 증가	• 한국 시장 진출 • 선진 시장의 디자인 및 기술 습득 • 개발된 모델의 타국 수출 • 라인 확장으로 지속적 신제품 개발 • 다른 인접 시장용 제품 제안 및 개발

(3) 플레이어별 위협 요인

1) 브랜드의 위협 요인

그림 3.10 **독점 유통 채널 및 OEM 제조업체의 이탈 위협**

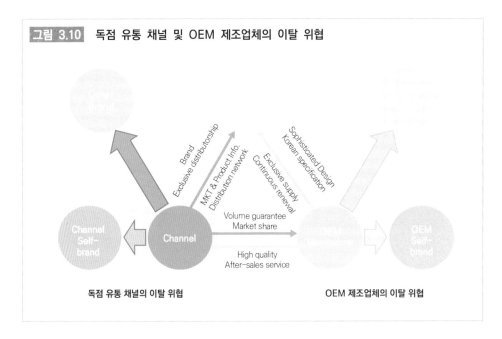

독점 유통 채널의 이탈 위협   OEM 제조업체의 이탈 위협

상생적 신제품 개발 방안에서 브랜드가 가지는 가장 큰 위험은 다른 두 플레이어가 개발 모델에서 이탈하는 것이다. 먼저 독점 유통 채널의 이탈 위협이 있으며, 자체 브랜드를 출시하거나 기타 브랜드의 제품을 취급하기 위해서 협력 모델에서 탈퇴하는 것이다. 일반적으로 확장 제품이 시장 진입에 성공하고 추가 모델을 투입한 이후에 시장성이 담보되면, 보다 큰 이익과 성장을 위해서 채널의 이탈 위협이 증가한다.

제품의 성능이나 가격 측면에서 브랜드가 커버할 수 없는 세분시장을 진입하거나 유지하기 위해서 기존 유통하던 브랜드의 제품을 함께 취급하는 경우는 용인할 수 있으나, 확장 제품과 동일한 세분시장에 다른 브랜드의 제품을 같이 유통하는 경우는 즉시 타 브랜드 제품의 판매 중단을 요청하고 불응 시에는 자사 제품의 공급을 중단해야 한다. 일부 자본과 하부 유통망이 충분한 채널의 경우에는 시장 기회를 포착하고 해당 제품군에 자사 브랜드를 런칭하는 경우가 발생할 수 있으며, 이는 브랜드의 입장에서는 용인할 수 없는 상황이므로 즉각적인 채널의 교체를 진행해야 한다.

또 다른 이탈 위협은 OEM 제조공장의 이탈이며, 채널과 동일하게 확장 제품이 국내 시장에 성공적으로 안착한 이후에 발생할 수 있다. 확장 제품을 통해 해당 제조 공장의 정보가 국내 경쟁 브랜드 및 채널들에게 노출되고, 유사 제품의 개발 건으로 경쟁사가 접근할 수 있다. 보다 많은 수량이나 높은 단가를 제시할 경우, 제조공장의 이탈이 발생할 수 있다. 독점 판매권에 대한 계약을 체결한 경우, 이에 위배되는지를 검토해서 시정 및 배상을 청구할 수 있다. 채널과 제조공장의 이탈을 방지할 수 있는 방안은 '3. 상생적 신제품 개발 프로세스의 안정화 전략'에서 상세히 설명한다.

개발한 확장 제품에서 품질 문제가 발생하거나 적절한 사후 서비스 제공에 실패할 경우에는 브랜드 자산에 손상을 입을 수 있다. 또한 독점 채널에서 마케팅 활동을 주도적으로 수행 시에 과도한 프로모션 및 가격 인하 때문에 브랜드 가치의 관리가 힘들어질 수 있다. 이를 방지하기 위해서는 제조업체에서 제품 출고 전에 품질 검사를 필수적으로 수행할 수 있도록 하고 해당 자료를 브랜드가 수입 시마다 점검해야 하며, 유통 가격에 대한 자율권은 보장하되 최종 소비자 가격의 범위에 대해서는 브랜드와 채널이 협의해서 결정하는 과정이 필요하다. 또한 프로모션의 진행에 있어서도 기간과 타겟 마켓 및 방법에 대해서 브랜드와 채널의 사전 의견 조율이 바람직하다.

2) 채널의 위협 요인

독점 유통 채널의 입장에서 가장 큰 위협 요인은 확장 신제품의 시장 실패로 인한 재고 부담이다. 상생적 신제품 개발 방안의 특성상 브랜드가 채널이 원하는 사양과 디자인, 가격대의 제품을 제조해서 공급해 주는 대신, 채널은 초도 물량에 대한 개런티를 진행해야 한다. 제품별로 개런티 수량은 다르지만, 브랜드의 초기 개발 비용 즉 디자인, 인증, 마케팅 툴, 몰드 개발 등의 비용을 상당 부분 담보해야 하므로 채널 입장에서는 부담스러운 수준의 수량을 초기 재고로 가지고 영업 활동을 시작해야 한다.

제품 트렌드의 변화, 경쟁사의 신제품 등장, 하부 유통망의 이탈, 경기 침체 등의 시장 환경 변화로 확장 제품이 성공적으로 시장에 안착하지 못할 경우, 초도 주문 물량은 과재고 및 악성 재고로 이어지고 채널의 현금 흐름 및 손익구조에 손실을 발생시킨다. 장시간 과재고가 해결되지 않을 경우에는 불가피하게 할인 가격으로 처분할 수밖에 없으므로, 이는 브랜드에게도 다른 확장 제품의 가격 구조 손상 및 브랜드 이미지 훼손이라는 피해를 발생시킨다.

이를 방지하기 위해서 독점 유통 채널의 역량을 확실히 검증해야 하고, 제품 개발시에 상호 연관되어 있는 제품 사양과 개발 비용, 제품 가격 및 초도 주문 수량의 최적 조합을 도출하는 것에 주의를 기울여야 한다. 제품의 완성도 및 고사양화를 추구하는 것과 실제로 소비자가 원하는 것, 투입 비용 대비 효과를 개발의 매단계에서 확인해야 하고, 사양의 구현에 있어서는 OEM 제조업체의 인사이트를 충분히 활용해야 한다.

확장 제품이 성공적으로 시장에 진입한 이후에도 경쟁사로부터의 위협 요인이 존재한다. 해당 시장의 1위 브랜드는 신규 진입 브랜드에 대한 반격을 진행할 것이며, 마켓 리더의 포지션을 앞세워 변화된 가격 정책과 공격적인 프로모션 진행 등으로 확장 제품의 성장세에 타격을 줄 수 있다. 이에 효과적으로 대응하기 위해서는 기존 시장에서 쌓아온 브랜드 자산을 확장 제품으로 효과적으로 이전시키기 위한 활동이 필요하고, 주요 고객층에 따라서 PR 및 블로깅, Youtube, Facebook, Instagram, GDN, 카카오 등을 통한 온라인 마케팅을 포함한 다양한 마케팅 수단을 활용할 수 있다.

또한 확장 제품이 차별화된 성능이나 디자인, 마감 등을 가지고 있을 경우에는 해당 사양을 모방한 미투 제품이 등장할 수 있다. 일반적으로 해당 시장의 저가 브랜드 혹은 인지도가 낮은 브랜드들이 비슷한 디자인과 유사한 기능의 제품을 보다 낮은 가격으로 해외 OEM을 통해서 개발한 다음, 국내 시장에 출시하는 경우가 많이 있다. 미투 제품에 대응하기 위해서는 고유의 디자인과 차별화된 기능에 대해서 지적재산권을 신청하고 등록된 사항을 제품 패키지 및 온라인 이미지에 포함시켜, 경쟁사들의 개발을 미연에 방지해야 한다.

3) OEM 제조업체의 위협 요인

OEM 제조업체는 제조 및 공급하는 제품에 대해서 한국 법규에 맞는 기술 조건을 충족해야 한다. 한국 시장에 동일 제품군을 수출한 적이 없는 경우에는 해당 인증 조건에 맞는 기술 사양을 개발하고 수정하는 것에 많은 시간과 비용이 소모된다. 많은 경우에 국제 통용 기술 기준과 상당 부분이 중복되지만 한국 인증에만 별도로 존재하는 기준이나 요구치가 다른 사양이 있으므로, 제조업체 입장에서는 추가적인 개발 및 변경이 필요하며, 인증 테스트 사양의 모델을 별도로 제작하는 부담도 존재한다.

상생적 신제품 개발의 특성상 초도 확장 제품 출시 이후에 지속적으로 라인 확장 모델을 개발 및 출시하므로, OEM 제조업체는 지속적으로 기존 제품의 개량과 더불어 신제품 개발을 진행해야 한다. 후속 모델도 신속히 개발할 필요가 있으므로 제품 개발 및 생산 능력이 제한된 제조업체의 경우에는 시간과 R&D 인력 및 생산 라인의 배분이 쉽지 않고, 결과적으로 신제품 개발 및 생산 시한을 맞추지 못하는 상황이 발생할 수 있다.

제조업체가 해외에 위치하고 있기 때문에 국내 공장에 비해서 납기 일정을 맞추는데 어려움이 존재한다. 중국의 경우 제조업체가 전국에 걸쳐 다양하게 위치해 있으며 해상 운송을 위해서 일단 홍콩 등지의 항구로 육로 운송을 진행하고 그 뒤에 선적 및 해상 운송, 한국의 인천이나 부산항에 도착한 이후에 하역, 통관 및 국내 육로 운송의 과정을 진행해야 한다. 각각의 과정에서 변수가 존재하며, 특히 해상 운송의 예약과 통관에 추가적인 시간이 소모되는 경우가 빈번하다.

이를 극복하기 위해서는 제조업체와 브랜드가 긴밀한 커뮤니케이션을 통해 현재 재고 수량 및 발주 예상 수량에 대한 정보를 공유하고, 브랜드는 과거 데이터 분석 및 채널의 재고량 파악을 통해서 최대한 미리 발주를 진행해야 한다. 또한 제조업체는 부품 조달에 관한 변동 사항을 브랜드와 실시간으로 공유해야 한다.

사후 서비스 제공 역시 제조공장의 위치로 인해서 국내 업체 대비 난관이 있다. 전통적인 방식인 불량 제품이 발생할 때마다 제조공장에서 수리해서 다시 소비자에게 제공하는 프로세스는 오랜 수리 시간 및 높은 제품 운송 비용을 발생시키고, 이는 삼성, LG 등 국내 대기업의 빠른 서비스에 익숙해진 한국 소비자의 기대 수준에 전혀 부응하지 못한다. 따라서 상생적 신제품 개발에서의 즉각적인 After-sales service의 제공은 주로 AS 전용 제품 풀을 활용할 것을 권장한다.

확장 제품의 시장 출시 시점에 일정 수량의 AS 제품 풀을 확보하고, 제품 불량이 발생할 때마다 AS 제품 풀의 제품으로 먼저 교환서비스를 제공한다. 일정량의 불량 제품이 축적되면, 해외 OEM 제조공장으로 보내서 수리하고 외부 케이스 및 패키지를 교환해서 다시 AS 제품 풀로 활용하는 방식이다. 시장 출시 후 품질 및 불량에 관한 데이터가 축적되면, 제품 주문 시에 제조업체에서 제품 불량 비율에 맞춘 AS용 제품을 추가로 생산해서 무상으로 제공하는 것도 가능하며, 이를 통해서 불량 제품의 운송 비용을 절감하고 더욱 신속한 사후 서비스를 고객에게 제공할 수 있다. 또한 높은 확률로 발생하는 불량에 대해서는 해당 파트를 AS용 재고로 일정량 보유함으로써, 즉각적인 사후 서비스가 가능하다.

마지막으로 지적재산권의 준수가 미흡한 일부 국가의 경우에는 무분별한 디자인 카피가 여전히 가능하고, 동일한 제품 디자인을 다른 제조업체가 생산하는 경우가 있다. 카피 제품이 해당 국가에서 유통되고 한국 시장까지 다시 수입되는 사례가 있으며 이 경우에 브랜드는 독점 공급 계약의 준수 여부에 의구심을 가질 수 있고, 사실 관계가 확인될 때까지 발주가 중단되는 등의 차질이 발생하며 상호 간의 신뢰가 손상될 수 있다.

표 3.4 **상생적 신제품 개발의 위협 요인**

위협 요인 요약		
브랜드	채널	OEM 제조업체
• 독점 유통 채널의 이탈 • OEM 제조업체의 이탈 • 확장 제품의 품질 및 사후 서비스 • 확장 제품 실패 시 브랜드 자산 타격 • 채널 주도 마케팅으로 브랜드 훼손	• 시장 환경 변화로 신제품 론칭 실패 • 초도 물량으로 인한 재고 부담 • 사양, 개발비 및 가격의 최적화 실패 • 경쟁 브랜드의 반격 • 미투 제품의 등장	• 한국 기술 조건 충족 • 지속적인 제품 수정 및 개발 필요 • 납기 일정 준수 • 사후 서비스 제공 • 다른 제조업체의 카피 제품 생산

3. 상생적 신제품 개발 프로세스의 안정화 전략

상생적 신제품 개발 방안은 '(2) 플레이어별 기회 요인'에서 상술한 기회를 제공하지만 '(3) 플레이어별 위협 요인'에서 살펴본 위협 또한 각각의 주체에게 존재한다. 세 플레이어의 협력을 바탕으로 진행되는 해당 모델에서 각 플레이어의 이탈 위협을 최소화해서 지속적으로 확장 제품을 출시하고, 이를 통해 세 참여자 모두에게 추가적인 비즈니스 성장 기회를 제공할 수 있는 방안을 모색한다.

상생적 신제품 개발을 이끌어 나가는 브랜드의 입장에서 나머지 두 플레이어의 이탈을 막고 최대한의 협력을 이끌어내는 방안을 이론적인 측면에서 먼저 확인하고, 독점 유통 채널과 OEM 제조업체를 컨트롤 하는 전략을 각각 살펴본다.

(1) 이론적 배경

1) 코피티션(Coopetition)

브랜드가 다른 두 주체의 이탈을 방지하는 첫 번째 방법은 코피티션을 적극적으로 활용하는 것이다. 코피티션(Coopetition 또는 Co-petition)이란 협력(Cooperation)과 경쟁(Competition)의 합성어로서 '가치를 창출할 목적으로(Gnyawali and Ryan-Charleton, 2018) 경쟁과 협력을 동시에 추구하는 전략(Bengtsson and Kock, 2000)'으로 정의할 수 있다. 즉 동일한 기업과 경쟁하면서 동시에 협력하는 현상이며(Bengtsson and Raza-Ullah, 2016), 전통적인 경쟁적 사고를 넘어 경쟁자와 협력함으로써 가치를 창출할 수 있다는 것을 의미한다(Dorn et al., 2016).

경쟁과 협력이라는 상반되는 힘의 결과로 발생하는 역설적 긴장감이 코피티션을 특징짓는 핵심적 요소이고(박병진, 2022), 이를 통해서 '윈-윈' 차원의 접근으로 전체 가치를 더 크게 키워 자신이 차지하는 이익을 더 크게 하는 포지티브섬 게임이 가능하다(Brandenburger and Nalebuff, 1996).

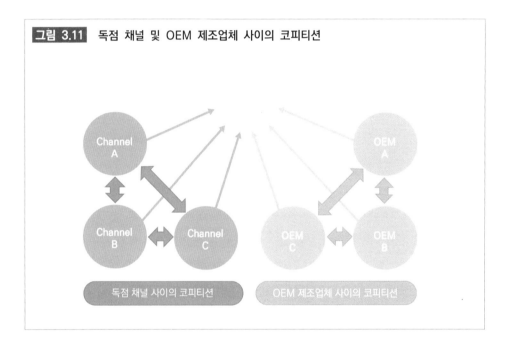

그림 3.11 독점 채널 및 OEM 제조업체 사이의 코피티션

상생적 신제품 개발 방안에서는 브랜드가 다수의 독점 유통 채널 및 OEM 제조업체를 확보함으로써 코피티션을 활용할 수 있다. 초기에 확장 제품을 개발할 시에는 채널 및 OEM 제조업체가 각각 하나씩만 존재하지만, 라인 확장을 진행해서 제품 모델 수가 증가하면 추가로 채널과 제조업체를 섭외할 수 있다. 추가로 합류한 채널의 경우에도 기존과 동일하게 희망하는 사양 및 디자인의 제품을 개발해 주고, 해당 제품에 대한 독점 유통권을 보장해 준다.

동일한 프로세스로 다수의 독점 유통 채널이 설립되면, 각각의 채널들은 진입 시장내에서의 브랜드 가치를 높이고 전체 시장을 성장시키며 파이를 키우는 것에는 서로 협력하면서도 자사의 점유율을 더 높이기 위해서 서로 경쟁한다. 독점 제품의 배분은 일반적으로 세분시장이나 기능별로 구분해서 각 채널이 구분된 세그먼트에 한 개의 제품을 할당 받는 것을 원칙으로 하며, 제품별로 기능, 액세서리의 추가 혹은 색상 변경 등을 통해서 추가적인 모델을 확보할 수 있다.

OEM 제조업체 역시 라인 확장 제품 개발 시에 목표로 하는 기능 및 가격대에 더 적합한 제조업체를 추가로 확보할 수 있으며, 필요할 경우 다수의 국가에 제조공장을 유지할 수 있다. 여러 제조업체를 확보하면 각각의 업체들은 브랜드 제품 전체의 품질 향상과 판매량 증가에는 협력하지만, 브랜드의 전체 생산 수량에서 자사의 점유율을 높이기 위해 경쟁한다.

이러한 채널 및 OEM 제조업체 사이에서 벌어지는 각자의 파이를 증가시키기 위한 경쟁을 통해서 브랜드는 두 플레이어에 대한 보다 강력한 통제력을 확보할 수 있으며, 복수의 채널과 제조업체의 구성은 브랜드에게 대안을 제공함으로써 하나의 채널 및 제조업체만을 유지할 경우보다 플레이어의 이탈로 인한 위험을 유의미하게 감소시킨다.

2) 활용(Exploitation)

브랜드가 독점 채널 및 OEM 제조공장의 이탈을 방지하는 두 번째 방법은 활용이며, 탐색(exploration)의 반대 개념이다. 활용은 변화를 줄이고 효율성에 초점을 맞추는 경향을 지닌 반면, 탐색은 변화 추구, 위험 감수, 실험을 포함한다(March, 1991).

활용을 '이미 잘 알려진 것들의 사용과 발전'으로, 탐색을 '새로운 지식, 지식으로 변환 가능한 것들에 대한 추구'로 규정할 수 있으며(Levinthal and March, 1993), 활용에 대한 보상이 단시일 내에 얻을 수 있는 구체적인 것이라면, 탐색을 통한 보상은 구체적이지 않고 장시간을 요구하며 확산 효과를 가진다(March, 1991).

활용은 회사에 존재하는 기술 역량 또는 궤적을 기반으로 한 국지적 검색이나 개선을 포함하지만, 탐색은 새롭고 차별화된 역량 또는 궤적에 관련된 보다 더 넓은 범위의 연구 및 혁신 활동을 수반한다(Lee et al., 2012).

표 3.5 **활용과 탐색의 비교(허문구, 2015)**

구분	활용(Exploitation)	탐색(Exploration)
특징	• 효율성 제고 • 점진적 혁신 • 기존 강점의 활용 • 안정 • 기존 사업 분야에 적합	• 혁신 촉진 • 급진적 혁신 • 새로운 역량 개발 • 변화 • 신규 사업 분야에 적합
효과	• 단기 성과 제고에 기여 • 안정적 환경에서 효과적	• 장기적 경쟁력 강화에 기여 • 환경이 동태적일 때 적응력 제고
예시 (자동차 회사)	• 부품조달 프로세스 개선으로 비용 절감 • 새로운 도장 기술 도입으로 도장 품질 개선	• 전기 자동차 신규 개발 • 무인 자동차 신규 개발

상생적 신제품 개발 방안에서는 확장 제품이 시장 진입에 성공하고 신속하게 라인 확장을 진행할 경우나 기존 제품의 리뉴얼이 필요할 경우에, 신규 모델을 전부 완전히 새로운 디자인과 기능을 적용한 완전 변경 제품으로 진행하지 않고 활용을 통해서 효율적으로 개발할 수 있다. 다음과 같은 다양한 변경 사항을 단독 혹은 복합적으로 적용해서, 신속하고 최소한의 비용으로 신규 제품을 추가할 수 있다.

• 색상의 변경: 여성 고객 등의 특정 고객층 대상으로 한 색상 추가 및 기존 색상 변경
• 제품 마감의 변경: 글로시, 매트, 러버 페인트 적용 등으로 다양화 및 고급화
• 제품 기능의 변경: 하드웨어의 변경 없이 펌웨어 변경으로 추가 기능 제공
• 부분품 변경으로 인한 추가 효용 제공: 액세서리 추가 및 별도 기능 탑재
• 패키지, 파우치, 라벨, 매뉴얼 개선 및 변경

이러한 활용(Exploitation)의 적극적인 사용은 경쟁사의 완전 변경 신제품 대비 빠른 신제품 출시 및 제품 교체 주기를 제공함으로써 경쟁 우위를 제공한다. 특히 유통 채널의 숫자를 늘려가는 상황에서 채널당 독점 모델의 수를 증가시키는 경우에 보다 효과적으로 사용할 수 있다. 또한 제품 개발 비용에 제약이 있는 경우에도 활용을 통해서 신제품 개발이 가능하며, 활용을 통해서 만들어진 신제품은 일

부 부분품 변경을 제외하면 신규 인증 테스트를 진행할 필요가 없으므로 더욱 비용 대비 효과적이다.

3) 정보 비대칭(Asymmetric information)

시장에서 각 거래 주체가 가진 정보에 차이가 있을 때, 그 불균등한 정보 구조를 정보 비대칭이라고 하며, 이는 개인이 가진 정보의 분포에 편향이 있어서 거래 양 당사자 사이에 정보 격차가 생기는 현상이다.

애컬로프는 정보의 비대칭성이 시장에 미치는 영향을 중고차 시장을 예로 들어 설명했으며, 구매자가 결점이 있는 상품과 그렇지 않은 상품을 구별하기 어려운 중고차 시장에서는 상대적으로 품질이 좋은 상품도 저품질과 같은 낮은 평균 가격으로 팔리는 경향이 있다고 지적했다. 또한 중고차 시장에서 거래되는 대부분의 중고차는 레몬(고장이 많은 차)이고 좋은 중고차는 시장에서 거래되지 않기 때문에, 결국 나쁜 중고차가 좋은 중고차를 축출해 버린다고 주장했다(Akerlof, 1970).

정보 비대칭을 잘 보여주는 곳은 중고차 시장 외에도 병원이나 법률 및 회계 분야 등을 들 수 있다. 일반 개인이 전문적인 지식을 가지고 있지 않으며, 해당 분야에 대한 서비스가 필요할 경우에는 보유 지식의 격차로 인해서 의사나 변호사, 회계사에게 높은 비용을 지불하고 의뢰할 수밖에 없다.

상생적 신제품 개발에서는 브랜드가 해당 모델을 주도적으로 이끌어 나가고 전체적인 정보를 통합 관리한다. 채널에서 제공하는 소비자 니즈, 유통망, 트렌드, 시장 가격, 경쟁제품 등의 마케팅 정보와 OEM 제조업체에서 제공하는 제품 설계, 단가 및 MOQ, 리드타임, 부품, 해외 유사 제품 등의 생산 정보는 브랜드를 통해서만 채널과 제조업체가 교환할 수 있다. 이를 통해 브랜드는 정보 비대칭을 통한 정보 격차의 우위를 확보할 수 있으며, 다른 두 플레이어와 유리한 조건으로 협상하고 이탈을 방지하는 수단으로 사용할 수 있다.

확장 제품이 출시되고 시간이 경과되면 정보 격차는 감소하는 경향이 있으므로 브랜드의 입장에서 정보비대칭의 활용은 제한적으로 가능하다는 점을 주지하고, 채널과의 관계 및 OEM 제조업체와의 관계를 단순한 비지니스상의 거래 파트너를 넘어선 상호신뢰가 존재하는 성장의 동반자 관계로 격상시키기 위해서 노력해야 한다. 이를 통해서 정보 비대칭이 약해졌을 때, 그동안 쌓아온 신뢰와 유대를

기반으로 한 '관계 비대칭'을 통해서 채널과 제조업체를 유지하고 이끌어 나가야
한다.

그림 3.12 실질적인 세 플레이어 간의 커뮤니케이션

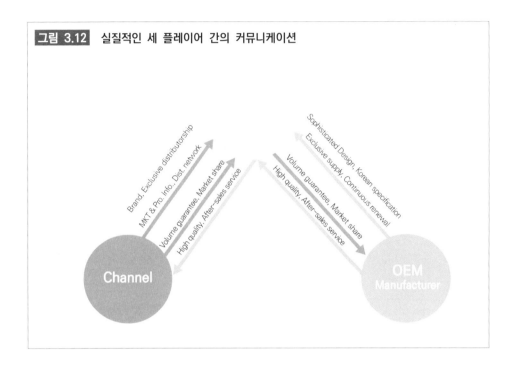

(2) 브랜드의 채널 안정화 전략

브랜드가 독점 채널을 안정화하는 첫 번째 전략은 제품 다각화이다. 초기 확장
제품이 해당 인접 시장에서 성공적으로 안착하고 판매량이 증가하면, 브랜드는 기
존의 OEM 제조업체 혹은 신규 제조업체를 통해서 신속하게 라인 확장을 진행한
다. 제품의 가격대와 기능별로 세분시장을 구분하고 가장 접근이 용이하며 높은
판매량을 달성할 수 있는 세분시장을 목표로 한 후속 신제품을 개발하고 출시하
면, 해당 시장에서의 브랜드 전체 판매량과 점유율을 짧은 속도로 상승시킬 수 있
다. 이는 또한 채널의 매출액과 순이익의 증대로 이어져 자연스럽게 채널의 해당
제품 및 브랜드에 대한 동기부여가 되고 이탈을 방지할 수 있다.

이러한 프로세스는 라인 확장에서만 적용 가능한 것이 아니라, 기존 확장 제품
이 제품 수명 주기의 후반부에 도달했을 때 경쟁업체보다 빠르게 후속 개선 모델

을 출시할 때도 동일하게 작동할 수 있다. 또한 라인확장을 충분히 진행해서 해당 인접 시장에서 높은 점유율을 달성한 이후에는, 해당 시장에서의 브랜드 인지도와 경험을 발판 삼아서 소비자 혹은 채널이 겹치는 유사 제품군을 개발해서 더욱 폭넓은 다각화를 진행할 수 있다.

두 번째 전략은 코피티션이다. 상생적 신제품 개발 방안에서 인접 시장 진입의 초기에는 한 개의 독점 유통 채널만 활용하지만, 라인 확장을 통해서 제품 수가 증가하면 복수의 독점 유통 채널을 유지할 수 있다. 각각의 채널은 성능 및 가격대로 구분된 여러 세분시장에 각각의 독자 모델을 할당 받고 자율적인 영업 활동을 전개한다. 경쟁 브랜드에 대항해서 진행하는 PR, 프로모션, 온라인 캠페인 등의 브랜드 차원의 마케팅 및 세일즈 활동에서는 서로 협력하지만, 각 독점 모델의 판매량 증가를 위해서는 서로 경쟁하는 관계가 성립된다. 브랜드는 각 채널의 영업 성과 및 충성도를 기준으로 온라인 배너 광고 등의 마케팅 활동 지원, 특판 가격, 특정 시장 입점, 입찰 기회 등을 제공할 수 있고, 이를 통해서 적극적인 채널의 통제가 가능하다. 무엇보다도 신규 모델의 할당이 가장 강력한 유인책이며, 이를 통해서 채널의 일탈 및 이탈을 방지할 수 있다.

세 번째 전략은 활용(Exploitation)이다. 라인 확장을 위한 신모델 혹은 후속 모델의 개발 시에 일반적인 방식은 디자인부터 기능까지 모든 사항을 전부 변경하는 완전 변경 신모델을 제작하는 것이다. 이 방식은 기존 제품 대비 완전히 변경된 사양을 통해서 변화된 시장의 니즈와 트렌드에 정확히 부합하는 제품을 만들 수 있다는 장점이 있지만, 제품 개발에 많은 시간과 비용이 소요되는 단점이 존재한다.

활용은 효율성 증대와 기존 강점의 적극적 이용에 목표를 두고 신규 몰드 제작이 필요한 디자인의 전면적인 개선을 차치하고, 기존 디자인을 가급적 유지하면서 신속하고 비용 대비 효과적인 방법으로 신제품을 개발하는 것이다. 활용의 방법으로는 색상 및 제품 마감의 변경, 소프트웨어의 변경을 통한 기능의 추가, 패키지와 액세서리의 변경 및 추가 등이 있다. 이는 자동차 업계에서 완전 변경 신제품 출시 이후 3년 정도가 지나면 부분적인 디자인 변경을 진행하는 페이스리프트와 유사한 개념으로 볼 수 있으며, 비교적 적은 비용과 짧은 개발 시간으로 노후한 제품을 트렌드에 맞게 변경시킨다는 점에서 동일하지만 기존 모델의 변경뿐만이 아니라 추가 모델의 개발 시에도 활용이 사용된다는 부분은 차이점이다.

이러한 활용을 사용해서 최소한의 사양 변경으로 다수의 신모델을 여러 세분

시장에 경쟁사 대비 신속하게 공급함으로써 보다 효과적으로 시장에 진입하고 또한 시장 점유율을 증가시킬 수 있으며, 이로 인한 판매량 및 매출 증가는 채널의 이탈을 효과적으로 예방할 수 있다.

네 번째 전략은 정보 비대칭성을 활용하는 것이다. 상생적 신제품 개발에서 고객의 니즈, 경쟁사 정보, 시장 트렌드, 개발 제품의 요구 사양 등의 전반적인 시장 및 제품 정보는 채널에서 제공하고 브랜드가 이를 토대로 한 제품 디자인을 개발해서 OEM 제조업체에 전달한다. 브랜드가 채널의 요구 사항을 구현하는 주체이자 제조 공장에 전달하는 창구 역할을 하고, 소비자의 니즈를 제품 사양으로 변경하는 과정 및 제품 생산 사양과 조건에 대한 정보를 훨씬 많이 보유하고 있으므로 정보 격차의 우위를 활용할 수 있다. 또한 제조업체가 제공하는 노하우 및 기타 해외 제조업체 및 유사 제품에 대한 정보 역시 브랜드가 활용할 수 있는 비대칭 정보 자산이다.

디자인을 담당하는 외부 디자인 업체는 기본적으로 브랜드가 개발하고 장시간 협업을 유지해 온 높은 신뢰 관계를 구축한 업체를 사용하며, 브랜드가 디자인 비용을 지불한다. 따라서 디자인에 관한 결정 및 세부 정보 역시 브랜드가 우위를 가지고 있다. 필요시 개발한 디자인에 대해서 디자인 특허를 신청함으로써 브랜드의 해당 제품 지배력을 더욱 강화할 수 있다.

'플레이어별 위협 요인'에서 살펴본 바와 같이, 확장 제품이 시장에 성공적으로 진입해서 성공을 거둔 뒤에는 채널이 자체 브랜드를 출시하거나 타 브랜드와 협력할 위협이 존재한다. 채널이 이러한 이탈 의사를 가졌다 하더라도 OEM 제조업체와의 직접적인 연결이 없으므로, 새롭게 해외 제조공장을 발굴해야 하는 난관이 존재하며 이는 채널 이탈의 억제 요인으로 작용한다. 제품 출시 후 시간이 경과하면, 제조업체에 대한 정보가 노출될 수 있으며 이를 대비해서 브랜드는 OEM 제조업체와의 신뢰 구축과 관개 개선에 노력해야 한다.

마지막 전략은 초기 투자를 브랜드가 전담해서 채널의 부담을 감소시켜 주는 것이다. 초도 확장 제품의 개발 시에 몰드 제작비와 국내 인증 테스트 비용 및 제품 디자인 비용을 브랜드에서 지원함으로써, 채널의 초기 부담을 개런티한 물량 소화에만 국한시킬 수 있다. 많은 경우에 몰드 개발과 인증, 디자인 등의 프로세스에 유통 채널은 익숙하지 않으며, 커뮤니케이션 문제와 더불어 초기 투자에 거부감이 상당한 편이다. 이 부분을 브랜드가 전담해서 해결함으로써 채널이 유통과 판매에만 집중하게 할 수 있고 브랜드와 협업 체재를 구축하게 함으로써 이탈을 막을 수 있다. 또한 브랜드가 투자해서 개발한 몰드는 브랜드의 자산이므로, 해당 몰드를 이용한 제품 및 활용을 통한 추가 제품군은 확실한 브랜드의 통제를 받게 되고 채널에 대한 유인책으로 사용될 수 있다.

(3) 브랜드의 OEM 제조공장 안정화 전략

브랜드가 OEM 제조공장을 안정화하는 첫 번째 전략은 채널 안정화 전략과 동일한 제품 다각화이다. 초도 확장 제품이 목표로 한 인접 시장에 효과적으로 진입한 이후에는 신속하게 추가 제품을 개발해서 국내 시장에 출시하므로, 이는 제품을 생산하는 제조업체 입장에서도 생산 모델 및 수량을 계속 증가시켜 매출액 확대를 도모할 수 있는 기회이다. 기존 모델의 노후화를 대비한 후속 모델 개발도 동일하며, 해당 제조업체의 개발 능력과 품질이 우수하다면 또 다른 인접 시장으로의 다각화에도 협력할 수 있다. 이와 같이 브랜드가 지속적으로 새로운 제품의 개발과 생산 기회를 제공하면 OEM 제조공장의 이탈 유인이 제거된다.

두 번째 전략은 코피티션이며, 진입한 인접 시장에서 라인 확장을 진행해서 다수의 모델을 공급하고 있을 경우에 복수의 OEM 제조업체를 유지할 수 있다. 품질과 단가에 따라서 여러 나라의 제조공장과 협력할 수 있으며, 일반적으로 가격 경쟁력이 중요한 제품군의 경우에는 중국 및 동남아 국가에서, 품질과 기능이 더 중요한 제품군은 대만 및 일본의 공장을 이용하는 경우가 많다. 브랜드는 품질, 단가, 납기 준수, 사후 서비스, 개발 능력, 독점 공급 준수 등에 따라서 각각의 제조업체 들을 평가하고, 그 결과에 따라서 추가 모델을 업체별로 배분할 수 있다. 이러한 과정을 통해서 여러 제조업체들은 현재 모델을 유지하고 추가 생산 물량을 확보하기 위해서 브랜드와 더욱 적극적으로 협력하게 되며, 그 결과 브랜드의 제조업체 통제 및 안정화가 가능하다.

세 번째 전략은 활용(Exploitation)이며, 기존 몰드의 효과적인 재활용 등을 통해서 초기 투자 비용과 개발 시간을 절감하는 것이다. 개발 비용을 브랜드에서 전부 투자할 수 없을 경우에는 초기 주문 물량의 단가에 개발비를 포함시킬 수 있는데, 이 경우 제품 단가의 상승으로 인해서 판매량 증대에 어려움이 있다. 기존에 개발한 몰드 혹은 제조공장 소유의 몰드를 재사용한다면 개발비의 상당 부분을 절감할 수 있고 제품 단가 상승을 억제함으로써 판매량 증가를 도모할 수 있다. 또한 제품의 색상과 마감 방법, 패키지 및 액세서리의 변경을 통해서도 제조업체는 경쟁사 대비 낮은 비용으로 신속하게 생산 제품 종류를 늘릴 수 있으며 이는 전체 생산 수량 증가로 연결된다. 브랜드는 활용에 필요한 색상 및 마감 등에 대한 최신 동향과 국내 시장 정보를 제공함으로써 제조업체와의 협업을 더욱 강화할 수 있다.

네 번째 전략은 정보 비대칭성의 이용이며, 소비자의 니즈와 경쟁자 정보, 유통 가격 등의 국내 시장 정보는 독점 채널의 입력을 통해서 브랜드가 제품 디자인 및 사양에 반영하게 되고 OEM 제조업체는 해당 원천 정보에 대한 접근이 어렵다. 또한 판매 채널 및 하부 유통망에 대한 정보도 브랜드가 독점하고 있으므로 제조업체가 직접 한국 시장에 진출하고자 하는 의지가 있어도 시장 정보 탐색의 단계부터 새로 시작해야 하는 어려움이 있다. 브랜드가 독점 유통 채널의 로열티를 강화한다면 정보 격차는 더욱 확대될 수 있고, OEM 제조공장의 이탈을 방지할 수 있다(Arruñada and Vázquez, 2006).

국내 인증에 관련된 정보 및 테스트 진행 역시 브랜드가 사용하는 에이전시를 통해서 진행 가능하며, 라벨 등의 표시에 관한 법적 준수 사항 역시 제조업체 단독으로 파악하기에는 어려움이 있고 브랜드와 디자이너의 도움이 요구된다. 브랜드가 가진 이러한 정보 격차와 고유의 역할로 인해서 제조업체의 이탈을 방지할 수 있다.

마지막 전략은 계약체결 및 지적재산권 획득이다. 상생적 신제품 개발 방안은 세 플레이어의 협력으로 신제품을 개발해서 독점 유통 채널이 시장에 공급하는 것이므로, 한국 시장에 동일하거나 비슷한 제품이 다른 브랜드로 유통된다면 채널의 가격 결정권과 브랜드 자산에 심대한 타격이 발생한다.

이를 방지하기 위해서 제품 개발 시에 OEM 제조업체와 개발 제품군 또는 개발 모델에 대한 국내 독점 공급 계약을 체결하는 것을 권장한다. 확장 제품의 판매량이 증가할 경우 유사한 모델이 다른 제조공장을 통해서 생산되고 국내 시장에 수입될 수 있으므로, 국내 디자인 특허를 신청해서 보유하는 것이 효과적인 미투 제품 방지책이다.

독점 공급 계약은 한국 시장만 해당되는 것이며, 다른 국가로의 수출은 조건에 따라서 브랜드가 제조업체에게 허락해 줄 수도 있다. 타 국가 수출이 가능한 대신에 제품 개발비의 일부를 제조업체가 부담하는 방식도 가능하며, 이는 제조업체에게 또다른 성장기회를 제공해서 보다 적극적인 협력을 이끌어낼 수 있다. 다만 수출 대상국에서 자사 브랜드의 다른 제품이 공급되고 있는 상황이라면, 확장 제품의 수출이 가능한지 그리고 어떤 효과를 가져올지 미리 점검할 필요가 있다.

제품 개발 시에 초도 샘플 제작과 몰드 개발에 필요한 비용을 브랜드가 투자하는 경우에는 가장 확실한 독점 공급을 담보할 수 있다. 앞서 살펴본 활용을 이용해서 한 번 개발된 몰드를 일부 수정해서 재활용할 수 있고, 색상 및 마감 등의 변경을 통해서 여러 파생 모델을 개발할 수 있으므로 초기 개발비의 투자는 필수불가결하다. 독점 채널의 물량 개런티를 통해서 투자비의 많은 부분을 충당할 수 있으므로 브랜드의 입장에서는 더욱 부담이 감소된다고 할 수 있다.

이상과 같은 전략으로 브랜드는 OEM 제조공장의 이탈을 방지하고 상생적 신제품 개발 방안의 주요 플레이어로서의 위치를 유지시킬 수 있다. 지속적인 신제품 개발을 통해서 모든 플레이어의 파이를 키우고, 상호 신뢰를 구축해서 동반자적인 관계를 설정하는 것이 장기적으로 가장 확실한 안정화 전략이다.

표 3.6 **상생적 신제품 개발에서 브랜드의 안정화 전략**

브랜드의 안정화 전략 요약	
채널 안정화 전략	OEM 제조업체 안정화 전략
• 제품 다각화: 라인 확장 및 다른 인접 시장용 제품 개발 • 코피티션(Coopetition): 동일 제품군 내에 다수의 독점 채널 유지 • 활용(Exploitation): 신모델 개발 시 시간 및 비용 절감 • 정보 비대칭성: 디자인, 생산 사양 및 제조 정보 • 초기 투자: 디자인, 개발 및 인증 비용을 브랜드가 부담	• 제품 다각화: 지속적인 모델 개발로 생산 수량 증가 • 코피티션(Coopetition): 동일 제품군 내에 다수의 OEM 공장 유지 • 활용(Exploitation): 기존 설비 사용으로 초기 투자, 시간 절감 • 정보 비대칭성: 소비자, 채널, 가격 등의 국내 시장 정보 • 계약 및 지적재산권: 독점 공급 계약 및 디자인 특허

지금까지 살펴본 상생적 신제품 개발 방안의 프로세스와 각각의 프로세스에서 고려할 세부 사항 및 전략을 정리하면 〈표 3.7〉과 같다.

표 3.7 **상생적 신제품 개발의 프로세스와 프로세스별 고려 사항 및 전략**

프로세스	아이디어 창출/인접 시장 탐색	채널 및 OEM 탐색/평가/선정	제품 콘셉트, 디자인 개발 및 사업성 분석	채널 및 OEM과 공동 개발	시장 출시	출시 후 관리
적용 상황						
브랜드 특성	규모는 작지만 강력한 브랜드		빠른 의사 결정	소수 인력이 개발 전담		실패를 용인하는 조직문화
제품군 특성	짧은 수명 주기, 낮은 MOQ			낮은 개발비, 대중화된 기술		활용을 통한 차별화 가능
시장 특성	기존 제품과 유사한 시장				소수 브랜드 or 비브랜드가 경쟁	
필요 조건						
브랜드	기존 제품과의 유사성	신규 독점 채널 & OEM 업체 선정		제품 개발 초기 투자		
채널		확장 제품 유통 경험 및 능력	확장 제품에 대한 인사이트		독점 제품으로 주도적 영업	
OEM 제조업체		가격 경쟁력 & 독점 공급	확장 제품 개발 경험		고품질 제품 양산	사후서비스 제공
기회 요인						
브랜드					인접시장 진출, 브랜드 자산 증가	라인 확장 & 인접 시장 진출
채널					독점 모델 확보, 신규 브랜드 유통	신규 세분시장 & 유통망 개발
OEM 제조업체					한국 시장 진출, 신규 모델 개발	지속적 신제품 개발
위협 요인						
브랜드					유통 채널 이탈, OEM 업체 이탈	실패 시 브랜드 가치 훼손
채널					사양 & 가격 최적화 실패	초도 재고 부담, 경쟁사 반격
OEM 제조업체				한국 기술 사양 충족	납기 일정 준수	제품 수정 능력, 미투 제품
브랜드의 안정화 전략						
제품 다각화						라인 확장 & 인접 시장 진출
코피티션 (Coopetition)						다수의 채널 & OEM 업체 유지
활용 (Exploitation)				신모델 개발 시간, 비용 절감		라인 확장 시 시간, 비용 절감
정보 비대칭성			소비자, 가격, 디자인 정보	생산 사양 & 제조 정보	유통망 정보	세분시장 정보
초기 투자			디자인 비용	몰드 및 인증 비용		
계약, 지적재산권		독점 공급 계약	디자인 특허			

제4장

사례 분석

제4장

사례 분석

    제3장에서 살펴본 상생적 신제품 개발 방안을 적용해서 제품을 개발하고 출시한 실제 사례를 소개한다. 한국쓰리엠에서 2002년부터 개발한 액세서리 제품군을 대상으로 각각의 성공적인 개발 사례에 대해서 상생적 신제품 개발의 중요한 특징인 적용 상황과 프로세스를 규명하고, 중요한 세 플레이어인 브랜드, 독점 유통채널 및 OEM 제조업체의 필요 조건, 기회 요인 및 위협 요인과 브랜드의 모델 안정화 전략 등을 확인한다. 또한 실패한 사례에 대해서도 개별 프로세스에서의 실패 요인과 역할을 제대로 수행하지 못한 플레이어 및 충족시키지 못한 조건들을 명시한다.

    구체적인 사례에 들어가기에 앞서, 해당 제품군이 등장하게 된 전체적인 배경과 전체 개발된 제품의 리스트를 먼저 요약한다. 해당 액세서리 제품군을 개발한 부서는 한국쓰리엠의 시청각 제품부(Visual System Division)이며, 2000년대 초까지 미팅 솔루션 시장의 대표적인 기기인 OHP 및 OHP film 시장에서 전세계적으로 약 80%의 시장 점유율을 가지고 있었다.

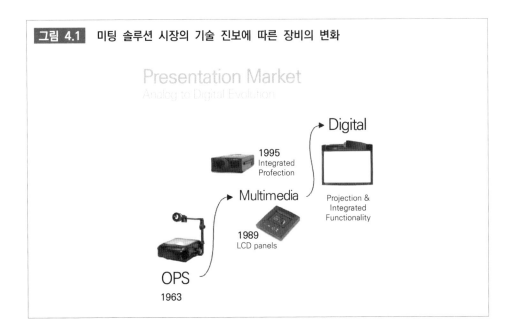

그림 4.1 미팅 솔루션 시장의 기술 진보에 따른 장비의 변화

1990년대 중반에 등장한 디지털 프로젝터가 2000년대 초반에 급속도로 대중화되기 시작하면서 OHP는 쇠퇴기를 맞이하고, 미국 본사에서 기획한 글로벌 OEM 제품인 프로젝터가 경쟁력을 상실하면서 시청각 제품부의 성과는 급락했다. 이 상황을 타개하기 위해서 매출과 이익을 동시에 견인할 새로운 성장 동력을 개발할 필요가 있었으며, 본사의 지원 없이 한국에서 독자적으로 자원이 부족한 상태로 개발을 진행하면서 상생적 신제품 개발의 초기 버전이 탄생했다.

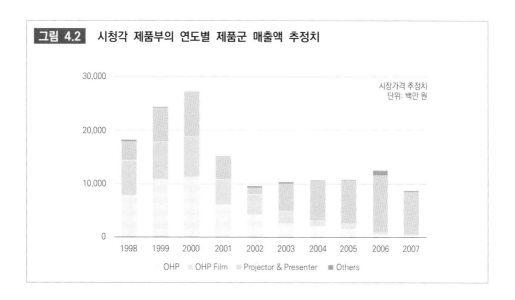

그림 4.2 시청각 제품부의 연도별 제품군 매출액 추정치

시장가격 추정치
단위: 백만 원

OHP ▪ OHP Film ▪ Projector & Presenter ▪ Others

　　주력 제품인 OHP 및 프로젝터가 판매되고 있는 시장인 미팅솔루션 시장에서 보완재인 레이저 포인터와 프리젠터를 개발하는 것으로 시작했으며, 이 두 제품군에서 새로운 유통 채널과 OEM 제조업체를 발굴하는 동시에 지속적인 라인 확장을 진행했다. 동시에 유사한 소비자층과 보완재의 관계를 가진 인접 시장인 컴퓨터 액세서리, 인체공학적 제품군, 스마트폰 액세서리 등으로 추가 확장을 진행했다. 마우스로 시작해서 USB-Hub와 외장하드까지 진행했듯이 해당 인접 시장의 대표적인 제품에서 비전형적인 제품으로 확대해 나갔으며, 채널과 OEM 제조업체의 추가 확보에 따라서 새로운 제품 개발의 기회가 추가되었다.

　　인접 시장으로의 확장은 주로 2011년에서 2016년 사이에 진행되었으며, 2015년 전후로 본사 생산 제품에 주력하고 OEM 제품의 비율을 축소하라는 글로벌 방침에 따라서 추가적인 인접 시장으로의 확장이 이루어지지 않았다. 하지만 활용(Exploitation)을 이용한 제품 리뉴얼은 최근까지 지속적으로 수행되있으며, 2020년에 신규 채널 및 OEM 제조업체를 이용한 마우스 및 키보드 제품 라인이 마지막 완전 변경 신모델로 출시되었다. 2024년 현재 상생적 신제품 개발 모델을 이용해서 개발된 전체 제품의 모델과 최초 출시 시기 및 출시 제품의 수는 다음 〈표 4.1〉과 같다.

표 4.1 제품별 신제품 출시시기 및 총 개발 제품 수(단위: 개)

카테고리	모델	출시 시기	개발 제품 수
미팅 솔루션	Laser Pointer	2002	17
	Presenter	2003	50
컴퓨터 액세서리	Mouse(1st)	2011	18
	CD-ROM	2012	4
	Keyboard(1st)	2013	2
	USB-Hub	2013	12
	External Hard Drive	2013	2
	Cleaner	2013	2
	Mouse(2nd)	2020	21
	Keyboard(2nd)	2020	5
	Mouse & Keyboard set	2020	8
인체공학적 제품군	Notebook Cooler	2011	4
	Desk Organizer	2012	8
	Wall Mount	2012	2
	Roller Pad	2013	4
	Memoboard	2014	2
스마트폰 액세서리	Smartphone case	2011	1
	Phone charger	2013	57
	Smartphone cradle	2014	4
	Earphone	2015	5
기타	Flash light	2011	6
	Electronic Calculator	2012	5
	LED light	2013	2
	Edu mate	2013	2
	Tool	2016	7

전체적으로 250개의 신제품 출시를 통해서 시장가격 기준 약 500억 원의 매출과 평균 20% 이상의 영업이익율을 기록했으며, 2004년부터 2014년까지 11년간 연평균 35% 성장을 달성했다. 그 이후로는 본사 방침에 따라서 점진적으로 판매금액이 감소하고 있으며, 연도별 매출액 추정치는 다음 [그림 4.3]과 같다.

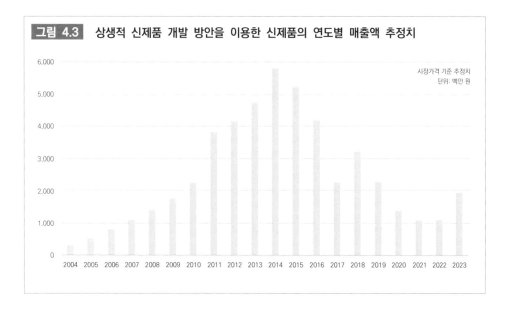

그림 4.3 상생적 신제품 개발 방안을 이용한 신제품의 연도별 매출액 추정치

2003년도까지는 2종의 레이저 포인터와 1종의 프리젠터만 출시된 상태여서 판매량이 미미했고, 2004년 이후로 파워포인트를 이용한 프레젠테이션이 보다 대중화되고 상생적 신제품 개발을 통한 신규 모델을 계속해서 투입하면서 지속적으로 세일이 증가하기 시작했다.

2011년도에는 노트북 쿨러, 플래시 라이트, 스마트폰 케이스 및 마우스 제품군을 신규로 출시하면서 전년 대비 71% 성장했고, 2014년도에는 스마트폰 충전기가 본격적으로 판매되면서 전년 대비 22% 성장한 약 58억 원의 최대 매출액을 기록했다.

2015년 이후로는 3M 자체 생산 제품인 프라이버시 필터 비즈니스에 초점을 맞추고, 로컬 OEM 제품을 축소하라는 디비전의 가이드라인에 따라서 제품 라인의 축소가 진행되어 왔고, 2018년과 2023년에는 활용(Exploitation)을 이용한 프리젠터 제품군의 리뉴얼이 이루어져서 각각 전년 대비 42% 및 72% 매출 증가를 달성했다.

　해당 기간에 개발된 신제품 카테고리별 매출액과 비중은 다음 [그림 4.4] 및
〈표 4.2〉와 같다.

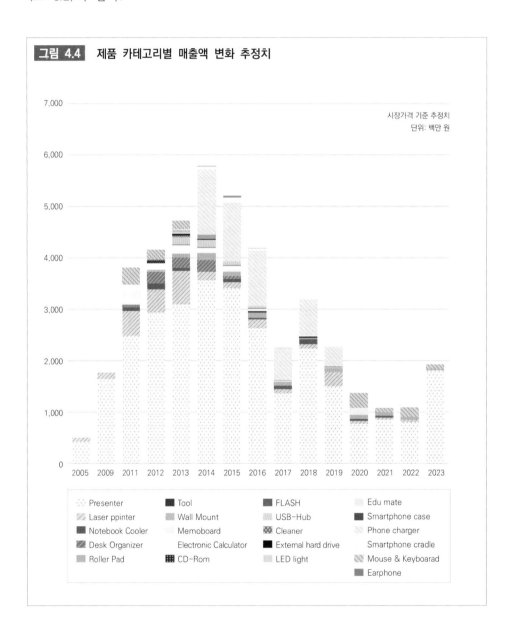

그림 4.4　제품 카테고리별 매출액 변화 추정치

표 4.2 **제품 카테고리별 매출액 비중 추정치(단위: %)**

카테고리	시장가격 기준 매출액 추정치 2004년부터 2023년까지(단위: 억 원)	전체에서 비중
프리젠터	336	68.2%
스마트폰 충전기	60	12.2%
레이저 포인터	32	6.5%
마우스 및 키보드	16	3.1%
기타	49	10.0%

 # 1. 3M 성공 모델

2002년부터 개발된 다수의 모델 중 상생적 신제품 개발 방안의 많은 부분이 성공적으로 적용되고 또한 시장에서의 성과가 좋은 제품군을 선택하여, 제품, 채널, OEM의 확장 순서와 더불어 프로세스 상의 성공 요인을 고찰한다. 상생적 신제품 개발의 탄생부터 완성까지 전 과정을 함께한 제품인 프리젠터와 레이저 포인터 제품군에 대해서 각각의 개발 과정을 분석한다.

(1) 프리젠터

1) 배경 및 적용 상황

프리젠터는 파워포인트를 이용한 프레젠테이션 시에 무선으로 파워포인트 슬라이드를 제어할 수 있는 프레젠테이션용 리모트 컨트롤러이다. 일반적으로 화면 상의 포인팅을 위한 레이저 포인터를 내장하고 있으며, 다음 〈표 4.3〉과 같이 가격대별로 페이지 업 및 페이지 다운 기능을 비롯한 다수의 기능을 가지고 있다.

표 4.3 **프리젠터의 가격대별 기능**

프리젠터의 일반적인 가격대별 기능		
저가형	기본형	고급형
• 레드 레이저 • Page up & Down	• 레드 레이저 • Page up & Down • F5, ESC, Blank	• 그린 레이저 or 소프트웨어 타입 • Page up & Down • F5, ESC, Blank • 무선 마우스, 멀티미디어 컨트롤

* F5: 슬라이드 쇼 모드로 전환, ESC: 기본 모드로 전환, Blank: 화면 차단

2000년대 초반에 디지털 프로젝터가 급속도로 보급되고, 회사 및 학교에서의 회의 및 수업이 기존 OHP를 사용하는 방식에서 파워포인트를 사용하는 것으로 변경되기 시작했다. 이에 따라서 무선 프리젠터 시장이 새롭게 형성되기 시작했으며, 미팅 솔루션 시장에서 높은 점유율을 가지고 있고 이미 레이저 포인터라는 보완재를 OEM으로 개발해서 공급하고 있던 3M 시청각 제품부에서는 해당 제품의 개발을 진행했다.

2003년도에 첫 번째 프리젠터 모델인 WP8000 Wireless Presenter를 대만 OEM 제조업체로부터 공급받아서 국내 시장에 출시할 때의 3M 브랜드와 제품 및 프레젠테이션 기기 시장의 적용 상황은 다음 〈표 4.4〉와 같다.

표 4.4 **프리젠터의 적용 상황**

프리젠터의 적용 상황
브랜드 특성

• 기존 제품인 OHP 및 OHP film이 국내 미팅 솔루션 시장에서 70% 이상의 점유율로 압도적인 마켓리더
• 2003년도 3M은 40여 개 사업부가 독립적 운영되어 강력한 브랜드 파워 대비 국내 사업부는 작은 규모
• 시청각 제품부의 구성 인원은 7인이며, 매출 및 이익을 별개로 가져가는 구조로 신속한 의사결정 가능
• 신규 제품 개발을 연구소 인력 1인에게 전담시키고, 개발에 관한 전권을 위임함
• 기존 제품에 주력하면서 추가로 진행하는 프로젝트여서 실패에 대한 부담이 낮음

제품군 특성

- 컴퓨터 액세서리 제품과 동일하게 약 1년의 제품 수명 주기를 가지며, 2년이 경과하면 매출 감소
- 특허로 보호되는 기술이 없으며, 다수의 OEM 제조업체가 생산 가능한 대중화된 기술을 사용하는 제품
- 색상, 제품 마감 및 부분품의 변경, 펌웨어 변경으로 추가 기능 제공 등의 활용을 통한 차별화 적용 가능
- 소형의 제품으로서 일반적으로 상판과 하판의 2개 파트 정도만 신규 몰드로 제작 필요($50K 미만)
- 최소 주문 수량은 1K부터 시작하며, 일반적으로 2K 수준에서 최소 주문 수량과 단가를 설정

시장 특성

- 기존 주력 제품인 OHP, OHP film, 프로젝터 및 스크린과 동일하게 미팅 솔루션 시장을 타겟으로 함
- 기존 제품이 사용되는 미팅 솔루션 시장에서 회의, 발표 및 교육 시에 함께 사용되는 보완재로의 확장
- OHP 및 프로젝터에 비해서 기술적으로 제작이 용이한 제품이며, 기술을 기준으로 하향적 브랜드 확장
- 진입 시점인 2003년도 기준으로 X pointer, Smart Pointer를 포함한 소수의 국내 중소 브랜드만이 경쟁
- 2010년대 중반 소비자 가격 기준으로 약 70억 원 규모의 시장으로서 대기업이 진출하기에는 소규모임

2000년대 초반의 한국쓰리엠은 사업부별로 일종의 독립채산제와 같은 경영 방식을 채택하고 있었으며, 각각의 사업부(Division)가 별도의 매출과 순이익 등의 경영 목표를 가지고 자율적인 방식으로 해당 목표를 달성하기 위한 영업 및 마케팅 활동을 전개했다. 하나의 사업부 내에 마케팅, 세일즈, CS(Customer Service)가 소속되어 있고, 연구소의 전담 기술 지원(Technical Service)이 할당되어 별개의 중소 기업 같은 독립적인 운영이 가능했다.

이런 환경 내에서 새로운 제품에 대한 개발 결정이 신속하게 이루어졌고, 기술 지원 인력이 모든 권한을 가지고 제품 개발을 주도할 수 있는 환경이 마련되었다. 또한 기존 주력 제품인 OHP, OHP film 및 디지털 프로젝터의 세일이 대부분이고 새로운 성장 동력의 확보가 필요한 상황이었으므로, 비교적 실패에 대한 부담이 적은 채로 개발을 진행할 수 있었고 이는 빠른 시간에 많은 제품이 출시될 수 있는 배경이 되었다.

프리젠터 제품군은 디지털 프로젝터의 사용이 증가함에 따라 2000년경부터 시장에 출시되기 시작했다. 이미 다양한 기기에 사용되던 일반적인 무선/적외선 통신 기술과 레드 레이저, AAA 배터리를 전원으로 사용하는 장비이므로 특허 등의 기술적인 진입장벽이 존재하지 않았다.

다만 전자파 적합 등록, 형식 등록 및 자율 안전 확인 등의 여러 가지 국내 인증을 통과하는 과정에서 테스트용 샘플을 제작하고 사양을 조정하는 과정이 필요하고, 이는 개발 시간과 비용의 증가를 초래해서 일종의 진입 장벽 역할을 수행했다. 또한 기본적인 기능만을 가진 제품에 추후 펌웨어 변경을 통해서 추가적인 기능을 탑재할 수 있어서 활용을 통한 제품의 부분 변경이 용이하고, 비교적 작은 사이즈와 간단한 제품 구조로 인해서 낮은 초기 비용으로 개발이 가능했다.

이러한 대중적인 기술의 사용과 제작의 용이성으로 인해서 최소 주문 수량이 높지 않았으며, 이는 상생적 신제품 개발 모델에서 독점 유통 채널의 초기 부담을 경감시켜주는 역할을 수행했다.

진입 시점의 경쟁사는 국산 중소 브랜드가 대부분이었으므로 쓰리엠이 진입해서 유일무이한 브랜드로 포지셔닝이 가능한 상황이었다. 초기에는 시장 전체의 월 판매량이 수천 개에 불과했으므로 국내 대기업이나 다른 수입 브랜드가 진출하기에는 사이즈가 충분히 크지 않은 시장이었고, 미팅 솔루션 시장의 Hitachi, SONY, NEC 등의 주요 브랜드들은 급속히 성장하는 디지털 프로젝터 시장에 초점을 맞추고 신제품 개발 및 마케팅 활동을 진행했다. 따라서 프리젠터 시장에서는 유명 브랜드가 존재하지 않았고, 국내 중소 기업인 X pointer 및 Smart Pointer가 양강 체제를 구축하고 있었다. 이런 상황은 초기에 쓰리엠 프리젠터가 브랜드를 이용해서 빠르게 점유율을 높일 수 있는 계기가 되었다.

상생적 신제품 개발 방안을 통해서 개발된 프리젠터 제품군 전체의 판매량과 매출액 변화는 다음 [그림 4.5]와 같다.

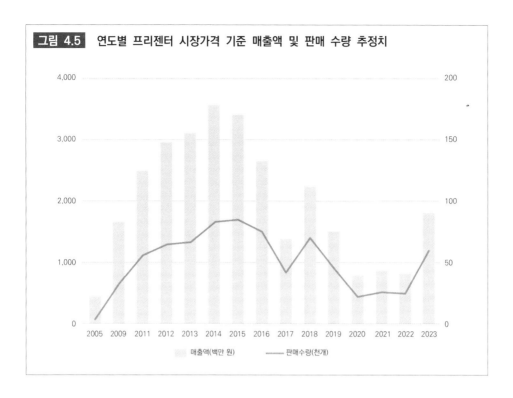

그림 4.5 연도별 프리젠터 시장가격 기준 매출액 및 판매 수량 추정치

매출액(백만 원) ── 판매수량(천개)

2003년부터 총 90만 개 이상 판매해서 시장가격 기준 330억 원 이상의 매출을 기록했으며, 본격적으로 판매를 시작한 2004년부터 제품 라인 축소를 진행하기 전인 2014년까지 10년간 연평균 30%의 성장률을 기록했다. 20년간 개발 모델 수는 총 50개이며, 5개의 해외 OEM 업체를 통해서 연평균 2.5개의 신제품 혹은 활용을 통한 부분 변경 신제품을 출시했다.

2015년 이후로는 사업부의 글로벌 가이드라인에 따라서 새로운 신제품이나 완전 변경 제품의 출시가 불가능했으나, 2018년과 2023년에 활용을 이용한 대규모 부분 변경 제품 출시를 통해서 전년 대비 각각 62%와 121%의 매출액 증가를 달성했다.

2005년부터 최근까지의 시장가격 기준 제품 모델별 매출액 변화 추정치는 다음 〈표 4.5〉와 같다.

표 4.5   프리젠터 모델별 매출액 변화 추정치(시장가격 기준, 단위: 백만 원)

Model	2005	2009	2011	2012	2013	2014	2015	2016	2017	2018	2019	2020	2021	2022	2023	Total
WP9500		48														48
WP9200				96	55	29										181
WP9000		113	35	20												167
WP8800		77														77
WP8700					57	92	67	8								224
WP8500		426	760	691	676	582	246									3,382
WP8500 PLUS							341	671	161	723	336	199	122	117		2,669
WP8300			53	83	68	124	99									428
WP8256	190															190
WP8150		42	1													44
WP8100		158	61													219
WP8000	226															226
WP7800			50	43												93
WP7800 PLUS							48		45							93
WP7700		22														22
WP7600G			88	84	134	116	91	29	27	49	22	16	11	33	22	721
WP7500		17														17
WP7500 PLUS				53	53	103	105		51							364
WP7200			245	129												374
WP7200S			5		243	255	155	103	131	53	32				80	1,056
WP7200E			5													5
WP7000			42	101	54					25	30	30	40	37		359
WP7000 PLUS						10	136									146
WP6600		29	38	56												123
WP6500		21	38	18	17	29	5									128
WP6000		159	122	104	113	47	38									582
WP5700			103	138	262	459	158									1,120
WP5700 PLUS							424	661	316	513	355	184	200	220	658	3,531
WP5500		361														361
WP5500 Plus			398	345	310	312	362	369	230	357	230	126	140	165	434	3,778
WP5000				59		26	53	26		26						190
JC9000			70	64	31						24	3	3		30	226
JC8000			87	9	13						22	4	7	4	44	190
JC7000		15														15
JC3500				85	75	53										213
JC3000			101	73	117	103	37	37	9							476
JC3000 Pink			44	48	26	22										140
JC3000 SW						12	108	118	42	50	103		44		18	495
JC3000 SB						12	98	122	92	72	128		66		18	608
JC2700G							191	67	64		94	94	80	67	228	884
JC2700				190	328	588	250	129	130	158	26	24	39	42	92	1,997
JC2700S							158	102			48	43	43	64	77	536
JC2500		22														22
JC2300			183	304	404	572	293	199	79	211	53	53	66	66	105	2,588
JC2200			124													124
JC2000		119														119
JC1500	15															15
JC1500_PMD	11	25														36
WP8500		2	2	4	3	6	8	8	6	8	7	2	2	2		59
WP8000	2	2	1	1												6
Total	443	1,657	2,490	2,948	3,104	3,572	3,412	2,641	1,382	2,243	1,509	779	863	816	1,806	29,664

고급형인 WP8500 시리즈와 기본형인 WP5700 및 WP5500 시리즈의 총 6개 제품이 전체 매출액의 50%를 차지해서 프리젠터 제품군의 성장을 견인했으며, 활용을 통한 개선 제품의 출시를 통해서 지속적으로 높은 판매 실적을 기록했다.

프리젠터는 제품의 형태별로 리모컨형의 스틱 타입, 길이가 줄어든 짧은 스틱 타입, 납작한 바 타입, 펜 타입, 카드 타입 등으로 분류된다. 각 타입별로 개발된 프리젠터의 모델 현황은 다음 〈표 4.6〉과 같으며, 색상은 OEM 제조업체를 나타낸다. 제조업체별 특성은 '3) 프로세스'에서 구체적으로 정리한다.

표 4.6 프리젠터의 외형 및 가격대별 모델 분류

분류	저가형		기본형				고급형	
스틱 타입	WP5700 WP5500	WP5700 PLUS WP5500 PLUS	WP8000 WP8700 WP7800 WP7700 WP7500 JC7000	WP8100 WP7800 PLUS WP7500 PLUS	WP8150	WP8300	WP8256 WP8500 WP7600G	WP8800 WP8500 PLUS
짧은 스틱 타입			WP7200 WP7000 WP6600 WP6000	WP7200 Exp. WP7000 PLUS	WP7200S		WP9500 WP9200 WP9000 JC8000	JC9000
얇은 바 타입	JC2000 JC3000	JC3000 Pink	JC3000SW	JC3000SB				
펜 타입	JC2200 JC2300	JC2700	JC2700S				JC2700G	
카드 타입	JC1500 WP5000	JC1500 PMD	JC2500 WP6500	JC3500				
리시버			WP8000				WP8500	
모델 수	13		25				12	

OEM 제조업체	T사	R사	V사	S사	A사
개발 모델 수(단위: 개)	14	8	25	2	1

제품 형태별 프리젠터의 대표적인 외형은 다음 [그림 4.6]과 같다.

그림 4.6 프리젠터의 제품 형태별 대표적 외형

[스틱 타입 WP8500 PLUS]

[짧은 스틱 타입 WP9500]

[펜 타입 JC2700S]

[얇은 바 타입 JC3000SW]

[카드 타입 WP6500]

2) 기본 모형

프리젠터 제품 개발의 기본 모형은 다음 [그림 4.7]과 같다.

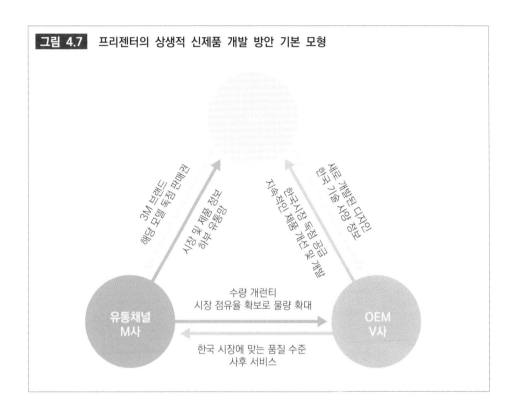

그림 4.7 프리젠터의 상생적 신제품 개발 방안 기본 모형

- 3M은 3M 브랜드를 사용한 프리젠터 모델의 독점 판매권을 유통 채널 M사에 제공하고, M사는 시장 및 개발 제품 정보와 하부 유통망을 3M에 제공한다.
- 3M은 채널의 요구를 반영한 프리젠터 디자인을 외부 디자인 업체를 통해서 개발하고 이를 기술 사양과 함께 OEM 제조업체인 V사에 제공하고, V사는 개발된 제품을 3M에 한국 시장 독점으로 공급하고 지속적인 제품 개선 및 후속 모델 개발을 진행한다.
- M사는 초기 수량 개런티 및 시장 점유율 확보를 통해서 지속적인 발주 수량 증가를 도모하고, V사는 한국 소비자 기대 수준에 부합하는 품질 및 신속한 사후 서비스를 제공한다.

3) 프로세스

각 개발 프로세스에서 브랜드, 독점 유통 채널 및 OEM 제조업체의 세 주체가 수행한 중요 과제는 다음 〈표 4.7〉과 같다.

표 4.7 **프리젠터의 프로세스별 주요 과제**

프로세스	중요 과제 요약
아이디어 창출/ 인접 시장 탐색	• 주력 제품인 OHP 시장에서 높은 기술력을 바탕으로 한 고가의 브랜드로 포지셔닝 • OHP와 동일한 미팅 솔루션 시장의 보완재 탐색: 스크린, 레이저 포인터, 프리젠터 • 프리젠터 시장은 경쟁 브랜드가 약하고 빠르게 성장하는 시장 • 기존 제품인 OHP 및 프로젝터와 유사한 고객층이 동일한 상황에서 사용하는 기기 • 대중화된 기술을 사용해서 특허 문제가 없고, 경쟁 제품 전반이 유사한 기술 수준
채널 및 OEM 탐색/평가/선정	• 초기에는 OHP 및 프로젝터 채널과 더불어 포스트잇의 다수 문구 채널 사용 • 초기 OEM 제조업체는 대만 3M의 납품 업체를 이용 → 해외 전시회를 통해 추가 탐색 • 기존 3M 제품 판매 실적 및 유사 제품 제조 경험으로 1차 평가 • 독점 채널은 초도 물량 개런티와 유통 능력 및 제품 집중도를 고려해서 선택 • OEM은 제품 단가와 최소 주문 수량 및 국내 독점 제공 여부를 고려해서 선정 및 추가
제품 콘셉트, 디자인 개발 및 사업성 분석	• 프리젠터 시장을 저가형, 중가형, 고가형으로 분류: 세그먼트별 특징 분류 • 초기 주요 경쟁사였던 국내 브랜드의 제품 분석: 디자인, 기능 및 가격 • 초기 진입 세그먼트는 고가형 시장으로 확정하고, 이후 최고급형 및 중가형 확장 • 독점 채널 적용 이후로는 제품 디자인 및 기능을 채널 및 OEM 제조업체와 함께 개발 • 디자인, 기능, 최소 주문 수량과 단가의 최적 조합을 결정하고 출시 스케줄 확정

채널 및 OEM과 공동 개발	• OEM 제조업체가 제공된 디자인 및 기능을 생산 가능한 디자인과 사양으로 변경 • 브랜드, 채널, OEM 제조업체가 함께 최종 생산 사양 및 디자인 확정 • 제품의 상세 기구 설계 및 몰드 개발 • 제품의 개별 패키지, 사용 설명서, 파우치 및 카턴 박스 디자인 및 개발 • 모델별로 국내 의무 인증 획득: 전자파 적합 등록, 형식 등록 및 자율안전확인
시장 출시	• 온라인 마켓용 제품 소개 이미지를 제작: 채널의 의견을 반영해서 지속적으로 수정 • 주요 딜러 대상으로 샘플링 진행 및 제품 트레이닝 실시 • 초도 개런티 물량의 생산 및 국내 수입 후, 독점 유통 채널에 공급 • 오픈 마켓, 브랜드몰, 폐쇄몰 등의 온라인 시장과 각종 오프라인 시장에 제품 등록 • 제품 론칭 프로모션, PR 및 온라인 배너 광고 등 마케팅 캠페인 진행
출시 후 관리	• 초도 물량 판매 상황에 따라 후속 제조 및 수입 일정 조정 • 시장 반응에 따라서 프로모션, 가격, 유통 시장, 딜러 등의 세부 조정 • 국내 AS 센터를 통한 제품 서비스 제공: AS 제품 풀을 이용한 선교환 서비스 제공 • 제품 불량 이력이 축적되면 OEM 제조업체와 개선 진행, 파트별 국내 서비스용 재고 보유 • 브랜드, 채널, OEM 제조공장에서 현 제품 실적을 바탕으로 후속 제품 아이디어 도출

• 아이디어 창출/인접 시장 탐색에서는 기존 OHP 시장에서의 높은 품질과 기술력이라는 3M의 브랜드 이미지를 활용할 수 있는 인접 시장인 프리젠터 시장의 진입을 결정했다. 해당 시장은 당시 주력 제품과 유사성이 높고, 경쟁 브랜드가 약하며 높은 성장률을 보이고 있어서 진입이 비교적 용이했다.

• 채널은 초기에 기존 시청각 제품부의 채널과 사무용 제품부의 채널을 사용했으나 온라인 시장의 확대로 인해서 동일 제품을 다수의 채널이 공통 온라인 마켓에 공급하는 상황이 발생했다. 채널 간 차별화가 불가능한 상황에서 가격 인하 경쟁이 촉발되었으며, 결과적으로 유통 마진이 감소하고 해당 모델의 매출이 감소하는 악순환이 반복되었다. 이 상황을 타개하기 위해서 독점 유통 채널을 선정하게 되었으며, 이 부분이 상생적 신제품 개발 방안의 핵심적인 요소 중 하나이다.

- 독점 유통 채널이 도입되기 전인 2005년에는 8개의 시청각 제품부 채널과 8개의 사무용 제품부 채널 등 총 16개 채널이 공통으로 5개 프리젠터 모델을 취급하였으나, 2015년에는 총 4개의 채널이 총 23개의 독점 모델을 운영했다. 해당 기간의 채널별 판매량과 매출액 변화는 다음 〈표 4.8〉과 같고, 독점 모델 정책 도입 후 채널당 판매량이 큰 폭으로 증가하고 평균 판매 가격의 급락에도 불구하고 채널당 매출액 역시 670%의 상승을 기록했다.
- 채널당 판매량의 증가는 프리젠터 시장의 성장 및 판매 모델 수의 증가와 더불어 독점 모델의 할당으로 인한 유통 채널의 가격 결정권 및 자율적인 영업 활동의 보장에 따른 결과로 해석이 가능하다. 상생적 신제품 개발에 참여한 많은 유통 채널의 CEO들은 본인의 의사가 반영되는 제품의 개발과 더불어 독점 유통권의 보장으로 인한 자율성을 가장 중요한 유인 요인으로 꼽았다. 실제로 상생적 신제품 개발로 여러 모델이 출시된 이후에는 독점권을 받기 위해 3M을 먼저 접촉해 오는 유통 채널도 다수 있었으며, 이는 해당 모델이 제공하는 독점권의 유용성을 증명한다.

표 4.8 **프리젠터의 판매 채널, 모델 및 판매 실적 변화 추정치(시장가격 기준)**

구분		2005년	2015년
		독점 유통 채널 도입 전	독점 유통 채널 도입 후
채널 수 (단위: 개)	부서 직속 채널	8	4
	사무용품 부서 채널	8	0
	전체 채널	16	4
모델 수 (단위: 개)	채널 공통 모델	5	
	채널별 독점 모델	0	23
	전체 모델	5	23
판매 실적 추정치	전체 프리젠터 판매량(단위: 백 개)	42	846
	채널당 평균 판매 개수(단위: 백 개)	3	212
	전체 프리젠터 매출액(단위: 백만 원)	443	3,412
	채널당 평균 매출액(단위: 백만 원)	28	853

- OEM 제조업체는 프리젠터 제품군의 생산 능력이 검증된 곳 중에서 제품 카테고리의 특성과 단가 및 최소 생산 수량이 적합한 곳을 선정했다. 지속적으로 제조업체의 확충을 도모하여 최종적으로 5개의 업체를 확보했으며, 업체별 특성은 아래 표와 같다. T사의 경우에는 제품 품질은 만족스러웠으나, 대기업 계열사로서 타사 대비 10배에 달하는 최소 주문 수량을 요구하는 등의 규모에 따른 문제가 발생했다. 이에 따라서 비교적 규모가 작은 OEM 제조업체를 확충하게 되었으며, 그에 따른 보다 낮은 제품 단가와 최소 주문 수량의 신제품을 개발할 수 있게 되었다.

표 4.9 **프리젠터의 OEM 제조업체**

OEM	본사	제조 공장	업체 규모	개발 연도	개발 모델 수	특징
T사	대만	중국	대기업	2003년	14	중간 가격대 다기능 제품군
R사	대만	대만	중소기업	2005년	8	고품질 중간 가격대 제품군
V사	중국	중국	중소기업	2007년	25	모든 카테고리의 제품 생산 가능
S사	일본	중국	중견기업	2008년	2	최고급형 제품군
A사	대만	대만	중소기업	2012년	1	고품질 중간 가격대 제품군

- 제품 콘셉트 및 디자인 개발은 3M, 독점 유통 채널 및 디자인 에이전시 O사가 회의를 통해서 함께 진행했다. 채널이 요청한 사양과 시장의 트렌드를 반영한 초기 디자인을 개발한 뒤에 OEM 제조공장의 생산에 대한 피드백을 반영했다. 제시된 사양과 단가를 바탕으로 채널이 사업성 분석을 주도적으로 수행했으며, 디자인, 기능, 단가 및 최소 주문 수량의 최적 조합을 찾기 위해 지속적으로 디자인과 사양을 수정했다. 일반적으로 2K에서 10K 사이의 최소 주문 수량을 기준으로 가격이 결정되었다.
- 제품 개발 단계에서도 개발의 세 주체가 협력했으며, 제품 자체의 개발 진행은 OEM 제조업체가 주도적으로 진행했지만 제품 인증은 3M이 외부 인증 업체를 통해서 진행했고 패키지 등의 개발은 브랜드와 채널이 제품 디자이너와 협업해서 진행했다.

- 시장 출시 단계에서는 초도 물량의 제작이 완료되어서 수입 및 판매가 진행되었고, 주요 세분시장에 제품을 등록하고 하부 딜러들에 대한 제품 교육을 실시했다. 제품 판매에 필요한 제반 자료를 브랜드가 채널의 요청을 반영해서 제작했고, 판촉을 위한 마케팅 캠페인을 진행했다. 온라인 마켓의 비중이 오프라인 대비 현저하게 증가했으므로 온라인 제품 소개 이미지를 가장 먼저 제작했고, 키워드 광고 및 배너 광고를 네이버, 구글, 페이스북, 인스타그램, 유튜브 등의 다양한 채널을 통해 진행했다.

그림 4.8 온라인 제품 소개 이미지의 예: JC8000 Wireless Presenter

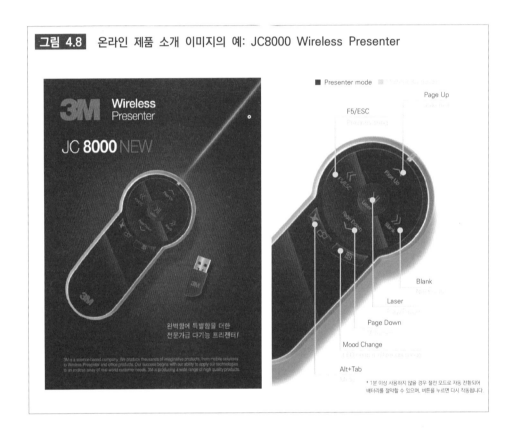

- 출시 후 관리 단계에서는 출시 후 초도 물량의 시장 반응을 관찰하여 프로모션, 세부 시장, 유통 딜러 및 가격 등에 대해서 세부 조정을 실시했다. 주로 키워드 광고의 키워드 변경과 매체 변경, 배너 광고의 타겟 고객 층 변경 및 매체 변경, 세부 시장의 추가 입점 혹은 탈퇴, 프로모션 아이템 변경 등이 진행되었고, 가격 조정은 최후의 수단으로서 가급적 진행하지 않았다.

- 사후 서비스 관련해서 초기에 구축한 제품 서비스 풀 및 AS 센터를 통한 교환서비스를 제공했으며, 서비스에 대한 데이터가 축적된 이후에는 자주 불량이 발생하는 파트를 별도의 재고로 보유하여 보다 빠른 고객 서비스가 가능하도록 했다. WP8500 제품의 경우에는 배터리 커버의 고정 부분이 쉽게 헐거워지는 불량이 발생해서 배터리 커버 재고를 대만 OEM 제조업체에서 대량으로 수입해서 AS 센터에 보관함으로써 불량에 신속하게 대응했다.

- 보증 기간 내의 불량품이 일정 수량 이상 누적되면, 중국의 제조공장으로 보내 수리 후 새 커버 및 패키지를 적용해서 서비스 풀로 활용했다. 장시간의 불량 데이터가 수집된 이후에는 T사의 WP8500 모델의 경우처럼 발주 시마다 일정 비율의 서비스 제품을 추가로 확보해서 이를 사후 서비스 용도로 활용했으며, 이를 통해서 불량품을 제조공장으로 보내는 절차를 생략할 수 있게 되었다.

- 출시 후 관리 단계에서는 현재 모델의 개선 및 후속 모델에 대한 논의도 포함되었다. 출시된 제품의 피드백을 반영하고 변화된 시장 트렌드에 부합하는 제품을 개발하기 위해서 채널과 OEM 제조공장의 아이디어를 취합하고 이를 후속 모델에 반영했다. WP7000 모델의 경우 리시버 분리 시에 일부 제품에서 리시버가 튀어나가는 문제를 개선했고, WP5500 제품 출시 후에 리시버를 별도로 보관하기 번거롭고 분실 위험이 있다는 채널의 피드백을 반영하여 WP5700 모델에서 AAA 배터리를 1개만 사용하고 남는 공간에 리시버를 수납할 수 있도록 구조를 변경한 것이 좋은 예이다. 또한 리시버에 256MB 메모리를 탑재했던 WP8256 모델 경우에는 저장 공간이 부족하다는 지적을 반영해서, 1GB 메모리를 탑재한 WP8800 모델을 출시했다.

4) 필요 조건

프리젠터 제품군의 상생적 신제품 개발 방안 적용을 위한 필요 조건은 다음 〈표 4.10〉과 같다.

표 4.10 프리젠터의 필요 조건

프리젠터의 필요 조건

브랜드

- 기존 주력 제품과 동일한 미팅 솔루션 시장을 타겟, 회의 및 교육 시에 함께 사용되는 보완재로의 확장
- 3M 시청각 제품부는 OHP 및 OHP film 시장의 쇠퇴에 따라서 신규 성장 동력의 개발이 절실한 상황
- 2000년대 초반의 3M은 사업부제 조직으로 해외 OEM 제조업체 사용을 부서에서 자체 결정하고 진행함
- 프리젠터 론칭 초기에는 기존 AV 채널 및 문구 채널 사용, 2010년대에 프리젠터 주력 신규 채널 선정
- 프리젠터 신모델 개발을 위한 디자인 및 몰드, 인증비 등 제반 출시 비용을 투자

채널

- D사는 기존 와콤 태블릿 유통, W사는 컴퓨터 주변기기 전반 유통, M사는 타사 프리젠터 유통 경험
- 프리젠터 및 컴퓨터 관련 제품에 대한 유통 경험으로 제품에 대한 높은 인사이트 보유
- D사와 W사는 기존 취급 브랜드에 3M 추가, M사는 경쟁 브랜드에서 3M으로 전환
- D사는 와콤 태블릿 일부 라인을 독점 유통, M사는 독점 모델을 통한 총판 역할 희망
- D사와 W사는 프리젠터 신규 유통 업체, M사는 협력적 신모델 개발에 참여 당시 2위 그룹의 업체

OEM 제조업체

- 프리젠터의 기능과 가격대별로 일본, 중국, 대만 소재의 5개 해외 제조업체와 협력
- 5개 OEM 업체 모두 프리젠터 제품군을 한국 시장에 3M을 통해서 처음 공급하고 독점 공급 보장
- 5개 업체 모두 기존에 프리젠터 제품군을 다수 개발하고 공급한 이력이 있음
- 대만 및 일본 소재의 업체는 특히 높은 품질 수준을 제공, 중국 소재 업체도 품질 수준 지속적 향상
- T사를 제외한 나머지 4개 업체는 중소 기업이지만 신제품 개발이 가능한 기술력 보유

- 브랜드와 OEM 제조업체의 전반적인 사항은 앞서 요약한 바와 같으며, 독점 채널로 선정된 4개사의 주요 특징은 다음 〈표 4.11〉과 같다. W사를 제외하면 모두 중소기업이며, 기존에 프리젠터를 취급했거나 유사한 IT 제품군의 유통 경력이 있는 업체들로 선정되었다.

표 4.11 프리젠터의 독점 유통 채널

독점 유통 채널	기존 주력 제품	기존 취급 브랜드	업체 규모	독점 모델
M사	프리젠터, 라벨지	X pointer, Formtec	중소기업	WP5700 등 17종
W사	컴퓨터, IT 제품군	MS, LG, HP 등	대기업	WP7200 등 7종
N사	노트북 액세서리	자사 브랜드	중소기업	WP7800 등 3종
D사	태블릿	Wacom	중소기업	WP8500 등 12종

- 특히 가장 많은 독점 모델을 보유한 M사의 경우에는 과거 X pointer 브랜드의 프리젠터를 취급하던 대리점이었으며, 상생적 신제품 개발을 통한 독점 모델 제공 및 원하는 사양의 제품 개발로 인해서 3M 프리젠터의 가장 큰 채널로 성장했다. 채널별 구체적인 매출액의 변화는 '7) 안정화 전략'에서 분석한다.

- 2000년대 말까지는 기존 미팅 솔루션 시장의 채널과 사무용품팀의 채널을 주로 사용했으며, 이는 제품에 대한 전문성 및 판매 의욕의 저하를 초래했다. 시청각 제품부의 기존 채널은 OHP와 프로젝터 같은 AV 장비의 판매 및 설치에 특화되어 있었으므로 프리젠터와 같은 컴퓨터 주변기기에 대한 정보와 시장 지식이 부족했으며, 사무용품팀의 채널은 포스트잇 및 스카치 테이프 등의 주력 제품 판매에만 집중하는 경향이 있었다. 이런 상황에서 온라인 시장이 활성화되고 가격 비교 사이트가 등장하면서 유통 채널 간의 가격 인하 경쟁이 촉발되고, 계속된 가격인하로 유통 마진이 고갈되면 결국에는 전체 제품 판매 실적이 급락하는 악순환이 지속되었다.

- 무의미한 온라인 가격 인하 경쟁을 방지하고 적절한 유통 마진 확보 및 제품의 지속적인 성장을 담보하기 위해서 2010년경부터 독점 모델을 운영하기 시작했다. 초기에는 회사 내의 다른 사업부인 문구 제품부 및 판촉용 제품부에서 많은 반발이 있었으나, 장시간에 걸쳐서 사무용 제품부 및 판촉용 제품부로의 제품 출고를 전부 중지하였다. 이후 부서 채널 내에서도 공통 모델을 독점 모델로 전환하는 작업을 2010년대 초반까지 진행했다.

이러한 독점 모델을 할당하는 방식은 채널 주도의 영업 활동 및 제품 개발을 담보하는 것으로, 상생적 제품 개발의 중요한 원칙 중 하나가 되었다.

5) 기회 요인

표 4.12 **프리젠터의 기회 요인**

프리젠터의 기회 요인
브랜드

• 기존 미팅 솔루션 제품과 유사한 프리젠터 시장으로 새롭게 진출
• 주력 제품인 OHP, 프로젝터 외에 새로운 프리젠터 제품군의 개발로 다각화 및 리스크 분산
• 프리젠터 모델의 지속적인 라인 확장으로 매출 증가 및 프리젠터의 인접 시장 진입 기회
• 신규로 발굴한 독점 유통 채널 및 해외 OEM 제조공장을 활용해서 기존 제품과 시너지 효과
• 프리젠터 시장에서 유일한 브랜드로 포지셔닝해서 기존 3M 브랜드를 컴퓨터 액세서리 분야로 확장

채널

• 새로운 제품인 프리젠터와 3M 브랜드를 자사 판매 제품 및 브랜드에 추가
• 기존 취급하던 IT 관련 브랜드에 대한 의존도 감소
• 프리젠터의 독점 모델 할당으로 채널 주도적인 마케팅 및 영업 활동 진행
• 프리젠터 모델을 이용한 신규 온라인 마켓 입점 및 새로운 딜러 개발
• 라인 확장을 통한 채널별 독점 모델 증가

OEM 제조업체

• 미진출 시장이었던 한국에 신규 공급을 통해 매출 증가
• 한국 시장의 앞선 디자인 및 인증 관련 기술 정보 습득
• 일부 개발된 모델을 한국을 제외한 중국, 대만 시장에 판매
• 신속한 라인 확장을 통한 지속적인 신제품 추가 개발
• 프리젠터에서의 협업을 기반으로 한 다른 인접 시장용 제품 개발

• 3M 시청각 제품부는 프리젠터 시장에 신규로 진출함으로써 기존 주력 제품인 OHP 및 프로젝터와 동일한 미팅 솔루션 시장에서 추가적인 성장 동력을 확보했고, 프리젠터 제품군의 세일이 급속히 증가함에 따라서 일부 프로젝터 모델에 집중되던 매출을 분산시킴으로써 제품 다각화와 리스크 매니지먼트를 달성했다.

- 2010년대에 부서의 주력 제품이 된 프라이버시 필터의 판매에도 프리젠터 모델군이 도움이 되었다. 두 제품군 모두 컴퓨터 액세서리 카테고리에 해당되며, 신규 온라인 시장에 진입 시 제품 구색의 다양화를 통해 보다 쉽게 제품 등록이 가능했다. 판매 채널의 경우에도 기존 프리젠터의 채널에 프라이버시 필터 제품을 공급함으로써 채널의 로열티와 마켓 커버리지를 높이는 등의 시너지 효과를 창출했다.

- 프리젠터의 개발을 위해 협력한 OEM 제조업체가 추후 다른 확장제품을 제조하여 공급함으로써 추가적인 매출 성장을 달성했다. 가장 많은 25개의 프리젠터 모델을 생산해서 공급한 중국의 V사는 이후 레이저 포인터 모델의 제조 및 공급에도 참여해서 3M 레이저 포인터 제품 라인의 확장에도 기여했다.

- 채널의 경우에는 새로운 제품군인 프리젠터와 신규 브랜드인 3M을 자사 판매 라인에 추가해서 추가적인 매출 기회를 도모하고, 기존 취급하던 Microsoft, WaCom 등의 브랜드에 대한 의존도를 줄이는 효과를 달성했다. 독점 모델을 지속적으로 할당 받음으로써 해당 모델을 활용한 독자적인 마케팅 및 영업 활동을 진행할 수 있었으며, 그 결과 신규 시장 및 딜러를 개발하고 매출액 증대를 달성했다.

- 각 채널의 연도별 매출액 변화는 다음 [그림 4.9]와 같다. 가장 많은 독점 모델을 보유한 M사는 2012년부터 기존 채널인 MS사로부터 2개의 독점 모델을 인계 받으면서, 3M 프리젠터의 유통에 참여했다. 이후 2015년까지 총 12개의 독점 모델을 할당받아, 해당 기간 동안 연평균 122%의 성장을 달성했다. 이 결과는 독점 모델 1개당 3억 원 이상의 매출액 증가를 달성한 것이며, 독점 모델의 수와 매출액 증가 사이에 유의미한 상관 관계가 있음을 증명한다. 이러한 상관 관계는 다른 독점 유통 채널인 D사 및 W사의 경우에도 동일하게 나타난다.

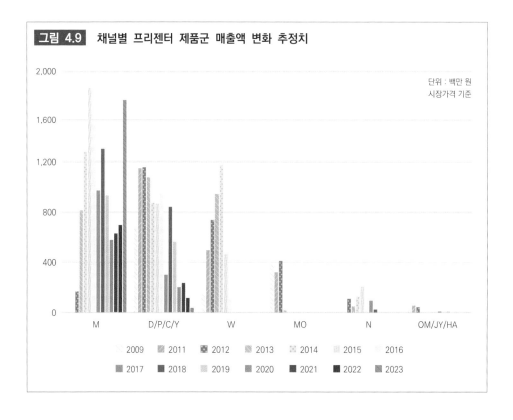

그림 4.9 채널별 프리젠터 제품군 매출액 변화 추정치

단위 : 백만 원
시장가격 기준

2009 2011 2012 2013 2014 2015 2016
2017 2018 2019 2020 2021 2022 2023

- 두 번째로 높은 매출을 기록한 D사는 2009년 독점모델 2개와 공용 모델 1개로 약 7억 원의 매출을 기록했다. D사의 프리젠터 비즈니스는 2011년 2월에 LG 계열사인 P사로 이전되었고 2013년에는 C사 2014년에는 Y사로 이전되었으며, 이는 주 영업인력의 이동에 따른 결과였다. 2009년부터 2014년까지 채널의 변경에도 불구하고 연평균 6% 성장을 달성했으며, 해당 기간 동안 독점 모델은 2개에서 9개로 증가했다.
- 컴퓨터 및 IT 기기 유통 대기업인 W사는 프리젠터 론칭 초기부터 2012년까지 유통에 적극적으로 참여했으며, 그 이후로는 유통 모델을 축소했다. 2009년부터 2012년까지 연평균 73% 성장을 달성했으며, 해당 기간 동안 독점 모델은 2개에서 7개로 증가했다. 채널별 모델 및 세일의 변화는 '7) 안정화 전략'에서 구체적으로 살펴본다.

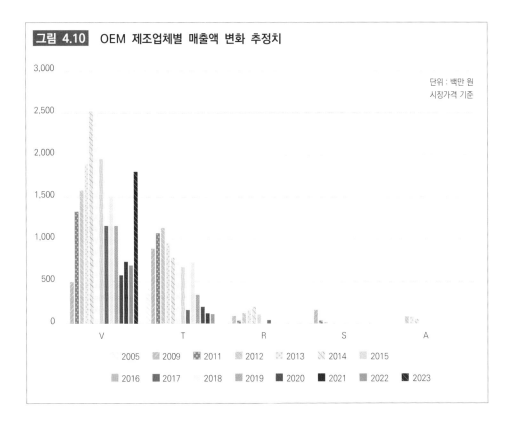

그림 4.10 OEM 제조업체별 매출액 변화 추정치

단위 : 백만 원
시장가격 기준

범례: 2005 ■2009 ■2011 ■2012 ■2013 ＼2014 ■2015 ■2016 ■2017 ■2018 ■2019 ■2020 ■2021 ■2022 ◣2023

- 가장 많은 제품을 공급하는 V사는 2009년에 3개 모델을 공급해서 시장가격 기준 약 5억 원의 제품 매출액을 기록했고, 이 후 2015년까지 지속적으로 신제품을 공동 개발해서 총 25개의 모델을 제조 및 공급했다. 2015년 기준 15개의 모델을 통해서 시장가격 기준 약 26억 원의 제품 매출액을 기록했으며, 2009년부터 2015년까지 연평균 31%의 성장을 달성했다.
- 대만에 본사가 있고 중국에서 제조하는 T사는 프리젠터 제품 개발 초기부터 협력한 제조업체이며, 2003년 WP8000 모델을 시작으로 2012년까지 13개의 모델을 개발했으며, 2015년에 활용을 통한 부분변경 제품 1종을 추가 개발해서 총 14개의 모델을 공급했다. 2005년부터 2012년까지 연평균 15%의 성장을 달성했으며, 2013년 이후로는 신규 개발 모델이 감소하면서 개발 제품군의 매출이 줄어들기 시작했다. OEM 제조업체별 구체적인 공급 모델 및 세일의 변화는 '7) 안정화 전략'에서 구체적으로 살펴본다.

6) 위협 요인

> 표 4.13 **프리젠터의 위협 요인**

프리젠터의 위협 요인
브랜드
• 독점 유통 채널이 자사 모델 개발 또는 폐업으로 이탈, 채널의 담당 인력이 이탈 • OEM 제조업체의 이탈 혹은 협력 감소 • 개발된 확장 제품의 품질 불량 혹은 사후 서비스 제공 실패 • 신규 개발한 프리젠터 모델 실패시 미팅 솔루션 시장에서의 3M 브랜드 자산 및 유통 채널에 손상 • 유통 채널의 과도한 프로모션 및 가격 인하 등으로 3M 브랜드 가치 훼손
채널
• 짧은 제품 수명 주기와 트렌드의 빠른 변화로 인한 신제품 론칭 실패 • 초기 수량 개런티에 따른 재고 부담 • 신모델 개발 과정에서 제품 사양과 개발 비용, 최소 주문 수량 및 가격의 최적화 실패 • 3M 프리젠터 출시 후 기존 국내 브랜드의 반격 • 미투 제품의 등장
OEM 제조업체
• 한국 필수 인증을 통과하기 위한 제품 기술 사양의 조정 • 한국 시장의 높은 기대 수준을 맞추기 위한 지속적인 제품 수정 및 후속 모델 개발 • 해상 운송 및 통관에 장시간이 소요되므로 납기 일정 준수에 어려움 • 보증 기간 내의 불량품에 대한 사후 서비스 제공의 어려움 • 주로 중국 내 타 제조업체에서의 카피 제품 생산

- 브랜드 입장에서 가장 큰 위협 요인은 상생적 신제품 개발 방안의 다른 두 주체인 독점 유통 채널 및 OME 제조업체의 이탈이다. 채널의 경우에는 자사 독자 모델을 개발하거나 다른 브랜드의 제품을 취급하기 위해 이탈할 수 있고, OEM 제조업체는 한국 시장 진출 이후, 다른 국내 브랜드에 제품을 공급하기 위해서 탈퇴할 수 있다.

- 독점 유통 채널 중의 하나인 D사는 3M 프리젠터 출시 초기부터 2010년도까지 협력해 왔으나, 해당 제품군 시장이 빠르게 성장하자 독자 모델을 개발해서 자사 브랜드로 국내 시장에 출시했다. 이에 대응하기 위해서 D사의 핵심 영업 인력이 이동

한 P사를 2011년에 새로운 독점 유통 채널로 확보하고 기존 D사의 독점 제품군을 그대로 이전했으며, 이 과정에서 제품군의 성장세는 유지되었다. 하지만 P사가 2012년 하반기에 폐업함으로써 2013년에 C사로 채널을 변경할 수밖에 없었고, 이 과정에서 독점 모델의 매출은 전년 대비 7% 감소하였다.

- OEM 제조업체 중 하나인 T사는 대만의 대기업 계열사로서 TV 리모컨, 컴퓨터 부품이 주력 제품이다. 거래 금액과 최소 주문 수량이 압도적으로 큰 TV 리모컨 등에 주력할 수밖에 없는 구조여서, 프리젠터 제품군에 대한 피드백이 다른 중소 규모의 OEM 제조업체 대비 느린 편이었으며 사후 서비스 제공이 원활하지 않았다. T사가 주력 제품 위주로 포트폴리오 변화를 추구하면서 신제품 개발 시에도 높은 개발비를 요청해서, 2013년 이후 신제품 개발은 기존 제품의 부분변경 1건만 진행되었으며 지속적으로 생산 제품군의 매출액이 감소하였다.

- 개발된 제품의 품질 불량 역시 브랜드 입장에서의 위협 요인이다. OEM 제조업체인 V사는 협력 초기에 작은 규모의 업체였고, 품질 및 마감 관련 많은 문제가 발생했다. 초기 모델인 WP5500의 경우, 기본적인 성능에는 불량이 없었으나 제품 상판과 하판의 결합 단차 및 리시버와 패키지 등의 세부 사항에서 결함이 발견되었다. 이로 인한 유통 채널과 소비자의 불만이 발생했으나, 개선 사항을 반영한 부분 개선 모델인 WP5500 PLUS를 조속히 출시함으로써 품질 문제를 해결했다.

- 독점 유통 채널의 입장에서는 개발 과정에서의 제품 사양과 단가의 최적화 실패, 시장 변화로 인한 신제품 론칭 실패, 과도한 초기 개런티 수량으로 인한 과재고 문제 및 경쟁사의 반격이 주요 위협 요인이다.

- OEM 제조업체인 T사가 제조하는 WP8500 PLUS 모델의 최소 주문 수량은 일만 개이며, 이는 다른 프리젠터 모델의 일반적인 최소 주문 수량인 일천 개 혹은 이천 개 대비 상당히 많은 수량이다. 이 수량은 대략 18개월치 판매 물량과 동일하며, 채널의 입장에서 이 수량을 한 번에 출고해서 재고로 보유하는 것은 자금 회전 및 창고 임대 등에서 막대한 부담으로 작용한다. 이를 해결하기 위해서 3M은 이 모델에 한해서 분할 출고를 허용해서, 타 모델과의 형평성을 조정하고 해당 채널의 부담을 경감시켰다.

- 상생적 신제품 개발 방안의 특성상 제품 개발 시에 유통 채널이 적극적으로 참여해서 희망하는 제품 사양 및 디자인에 대한 정보를 제공한다. 이 정보를 기초로 제품

을 개발하다 보면, 제품의 기술 및 재질 등에 있어서 과도하게 높은 사양을 선택하는 경우가 발생한다. 이는 제품의 사양 및 디자인과 제품 단가, 최소 주문 수량, 개발비의 최적화에 실패한 경우이며, 타겟 고객층이 원하는 제품보다 고사양의 제품을 높은 가격에 제공함으로써 시장에서 제품 실패를 초래하게 된다.

- 대표적인 예가 일본 소재의 OEM 제조업체인 S사가 공급한 WP9500 모델이다. 2011년까지 프리젠터 시장이 급속히 성장하고 3M 이 해당 시장의 마켓 리더로 부상하면서, 그동안 시장에 존재하지 않았던 프리미엄급 프리젠터에 대한 개발 요청이 있었다. 제품 재질 및 마감에 대한 고사양화를 추구한 결과, 세련된 디자인과 금속 재질 및 하이엔드 패키지를 적용한 신모델이 출시되었다. 품질과 디자인 등의 제품 자체에 대한 만족도는 높았지만, 10만 원 초중반 대의 높은 가격으로 인해서 초도 물량만 판매되고 단종되었다.

그림 4.11 WP9500 Wireless Presenter

- 3M 프리젠터가 국내 시장에서 가장 높은 점유율을 차지한 2010년 전후로, 3M 신모델에 대한 경쟁 업체의 유사 제품 출시 및 가격 인하 등의 반격이 빈번하게 진행되었으며, 이에 대응하기 위해 다수의 OEM 제조공장을 이용한 다량의 신제품 출시와 적극적인 프로모션, 검색광고 및 프레젠테이션 교육 등의 마케팅 활동이 진행되었다. 실제로 2011년부터 2015년까지 5년 동안 27개의 프리젠터 신모델이 출

시되었으며, 이는 연평균 1~2개의 신모델을 출시하는 경쟁 국내 업체들이 대응할 수 없는 수준이었다.

- 경쟁사에 대응하기 위해서 진행한 프리젠터 사용자 교육은 경쟁사 대비 유일한 브랜드인 3M만이 진행할 수 있는 마케팅 캠페인이었으며, 다음과 같은 3가지 이벤트가 진행되었다.
  - 3M 프레젠테이션 챔피언십: 대학생 대상 프레젠테이션 경진 대회
  - 3M 프레젠테이션 아카데미: 대학생 및 직장인 대상 프레젠테이션 교육
  - 3M 프레젠테이션 콘서트: 대학교를 방문해서 진행하는 프레젠테이션 교육

프레젠테이션 아카데미는 TOZ와 함께 진행하기도 했으며, 프레젠테이션 콘서트는 연세대와 한국외국어대에서 진행되었다. 이러한 마케팅 캠페인은 3M 프리젠터의 인지도 및 고객 충성도 제고에 큰 역할을 했으며, 제품을 통한 하드웨어적인 차별화를 뛰어넘어서 프레젠테이션 기술이라는 소프트웨어를 제공한다는 측면에서 장기적인 브랜드 강화를 도모하는 프로그램이었다.

그림 4.12 프레젠테이션 마케팅 캠페인

- OEM 제조업체가 가진 첫 번째 위협은 국내 인증 사양에 맞게끔 개발 제품의 기술 사양을 조정하는 일이다. 프리젠터 제품군은 전자파 적합 등록, 형식 등록 및 자율 안전 확인의 세 가지 의무 인증을 획득해야만 통관 및 국내 판매가 가능하므로, 국내 기준에 맞게끔 제품을 제작하는 것은 필수 사항이다. 국내 인증의 일부 기준은 CE 등의 국제 기준과 상이하므로, 한국 시장에 처음 진출하는 제조업체 입장에서는 초기에 어려움을 겪을 수 있다. 실제로 V사의 경우에도 초도 제품의 인증 과정에서 여러 차례 테스트 샘플을 수정하고 새로 제작했으며, 많은 비용과 시간이 소요되었다.

- 상생적 신제품 개발 방안에서의 OEM 제조업체는 제조 단가상의 이점을 위해 해외 업체의 사용을 권장하며, 3M 프리젠터의 경우에는 주로 중국 및 대만에 위치한 제조업체를 사용한다. 운송 비용을 절감하기 위해서 해상운송을 사용하며, V사의 경우에는 선전에 있는 제조공장에서 육로로 홍콩까지 이동한 다음 해상 운송을 통해서 부산까지 배송된다. 통관 후 다시 육로로 평택의 3M 창고까지 이동이 필요하므로 발주 후 입고까지 평균적으로 6주 정도의 기간이 소요된다. 코로나19 등의 특수한 상황 발생 시 이 기간은 더욱 증가할 수 있으므로, 국내 제조 대비 납기에 오랜 시간이 필요하며 일정 조정이 어렵다.

- 업체별로 리드 타임이 상이하며, OEM 제조업체 선정 시에 리드 타임에 대한 고려도 미리 진행되어야 한다. 대만에 소재한 T사의 경우에는 앞서 언급한 WP8500 PLUS 제품에 대해서 일만 개의 최소 주문 수량과 더불어 6개월의 리드 타임을 요청했다. 실제 주문 진행 시에 이 리드 타임은 파트 조달의 난관으로 인해서 9개월 이상으로 연장되었으며, 이는 제품의 적정 재고 수준 유지에 매우 큰 어려움을 야기했다. 이처럼 납기 일정 준수의 어려움은 OEM 제조업체만이 아니라 브랜드 및 유통 채널에게도 위협 요인으로 작용할 수 있다.

- 경쟁 업체가 미투 제품을 출시하는 경우 역시 OEM 제조업체의 위협 요인이다. 3M이 2000년대 후반에 출시한 얇은 바 타입의 JC2000 모델의 경우, 출시 후 수개월 내에 유사 모델이 국내 시장에 출시되었다. OEM 제조업체인 V사와 확인한 결과, 중국 시장에 먼저 출시된 유사 모델을 국내 경쟁 업체가 수입해서 출시한 경우였다. 시장에서의 혼란을 방지하기 위해서 후속 모델인 JC2200을 2010년에 신속하게 출시하고, 기존 모델인 JC2000의 단종을 진행했다. 이와 같은 미투 제품의 출현으

로 인한 위협을 방지하기 위해서는 디자인 특허 등의 지적 재산권 등록을 진행하고 이를 패키지 및 온라인 제품 소개 이미지에 포함시키는 것이 가장 효과적이다.

7) 안정화 전략

■ 채널 안정화 전략

3M의 프리젠터 채널 안정화 전략은 다음 〈표 4.14〉와 같다.

표 4.14 프리젠터의 채널 안정화 전략

프리젠터 채널 안정화 전략
• 제품 다각화: 지속적인 라인 확장으로 채널당 독점 모델 수를 증가시켜 매출액 및 순이익 증가 유도
• 코피티션(Coopetition): 프리젠터 제품군 내에 다수의 독점 채널을 유지함으로써 협력과 견제를 통한 로열티 제고
• 활용(Exploitation): 활용을 통해서 낮은 비용으로 신속하게 신모델 개발
• 정보비대칭: 제품 디자인, 생산 사양, 제조 정보, 제품 단가 및 최소 주문 수량 등의 정보 우위를 이용
• 초기 투자: 디자인, 제품 몰드를 포함한 개발 및 국내 인증 비용을 브랜드가 초기에 부담

첫 번째 전략은 라인 확장을 통한 제품 다각화이다. 초기에는 공통 모델과 더불어 1~2개의 독점 모델로 시작했지만, 지속적인 추가 제품 개발을 통해서 채널당 독점 모델의 수를 증가시켰다. 제품 라인의 확장과 채널의 매출액 및 순이익은 많은 경우에 비례하므로 이는 채널 안정화의 강력한 수단으로 작용한다. M사의 제품 다각화부터 살펴본다.

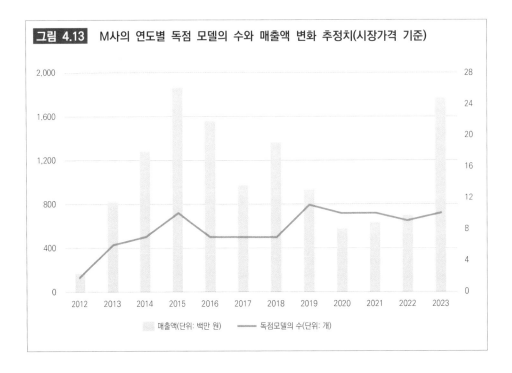

그림 4.13 M사의 연도별 독점 모델의 수와 매출액 변화 추정치(시장가격 기준)

매출액(단위: 백만 원)   독점모델의 수(단위: 개)

- M사는 3M이 프리젠터 시장에 진입하기 이전에 국내 1위 브랜드였던 X pointer의 제품을 판매하던 채널이었다. 3M이 프리젠터 시장에 진출한 후 라인 확장을 진행하던 2000년대 후반에 기존 채널인 MS사의 딜러로서 3M 프리젠터 유통을 시작했으며, 2012년부터 MS사를 대체하는 독점 모델을 할당받는 총판으로서의 역할을 시작했다.

- 2012년에는 고급형 WP9200과 기본형 WP8700을 독점 모델로, WP5500 PLUS를 공통 모델로 가지고 판매를 시작했으며, 시장가격 기준 1억 7천만 원의 매출을 기록했다. 2012년부터 2015년까지 고급형부터 저가형까지의 12개 독점 신모델을 개발해서 4년간 연평균 122%의 성장률과 시장가격 기준 약 41억 원의 매출을 기록했다.

- 2016년부터는 본사 방침에 따라서 신규 모델의 개발이 줄어들어, 2016년부터 2023년까지 총 5개의 독점 신모델만이 개발 및 할당되었다. 이에 따라 2022년까지 연평균 13%씩 매출이 감소했으며, 이는 제품 수명 주기가 짧은 컴퓨터 액세서리 시장에서 신제품의 출시가 매출과 높은 연관이 있다는 것을 증명하는 자료이다. 또한 할당된 독점 모델의 숫자 역시 해당 채널의 매출과 강한 상관 관계가 있다는

점 또한 보여준다.

- 2018년에는 기존 독점 제품 일부에 대해 활용을 통한 리뉴얼을 진행하여 2017년의 37% 역성장에서 벗어나 40% 매출 증가를 달성했다. 이 역시 신모델 출시와 매출액이 강하게 연동된다는 것을 보여주는 결과이며, 이와 같은 지속적인 신제품 출시와 독점 모델 할당을 통해서 브랜드가 유통 채널을 유지하고 통제력을 행사할 수 있다. 해당 연도에 진행한 5개 독점 모델에 대한 각 모델별 매출액 변화는 세 번째 전략인 활용(Exploitation)에서 자세히 설명한다.

- 2023년 역시 마감 및 신규 패키지를 위주로 한 부분변경을 진행하여 전년 대비 154%의 성장과 더불어 2015년의 최고 매출액에 근접하는 결과를 달성했다. 전체 기간의 M사의 매출액과 유통 모델의 변화를 살펴보면, 신규 모델의 출시와 매출액은 강력한 상관 관계가 있으며 출시 후 2년 정도 기간이 지나면 매출이 감소하므로 부분변경을 통해 새롭게 출시할 필요가 있음을 보여준다.

- 상생적 신제품 개발 방안의 특성으로 인해서 짧은 시간에 많은 독점 모델을 개발하고 시장에 출시 및 유통시킬 수 있었으며, 이러한 채널과의 유기적 협력은 제품 수명 주기가 짧은 시장에서 더욱 장점으로 작용한다.

그림 4.14 M사의 연도별 신규 독점 모델 및 총 독점 모델 변화

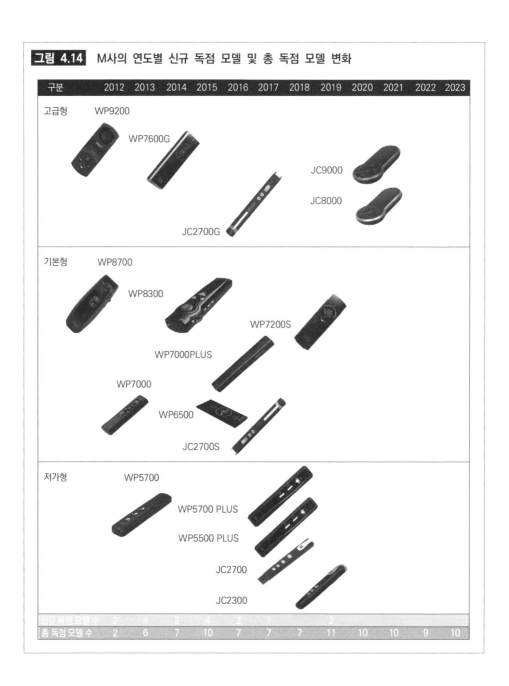

구분	2012	2013	2014	2015	2016	2017	2018	2019	2020	2021	2022	2023
신규독점모델수	2	4	2	4	2	1		2				
총 독점모델 수	2	6	7	10	7	7	7	11	10	10	9	10

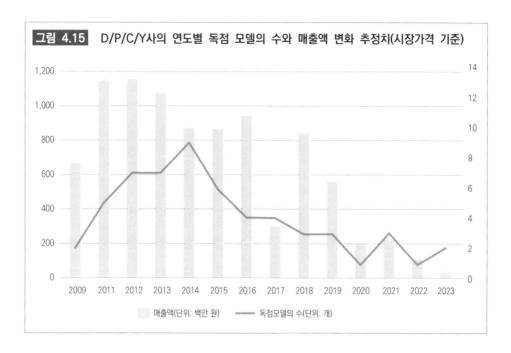

그림 4.15 D/P/C/Y사의 연도별 독점 모델의 수와 매출액 변화 추정치(시장가격 기준)

매출액(단위: 백만 원)   독점모델의 수(단위: 개)

- D사는 Wacom 등의 브랜드 총판을 담당하고 있는 중견 기업이며 3M 프리젠터를 비교적 초기인 2000년대 후반부터 취급하기 시작했으나, 자사 브랜드 모델 개발로 인해 2011년도에 P사로 교체되었다. LG의 사업 철수로 인해 2012년도에는 C사로 유통 모델이 이전되었으며, 2014년에 최종적으로 현재의 유통 채널인 Y사가 담당하게 되었다.

- 채널의 변경에도 불구하고 2011년도에 4개의 신규 독점 모델이 할당되면서, 전년 대비 115%의 매출 성장을 달성했다. 독점 모델의 할당과 더불어 기존 독점 모델인 WP8500 제품이 고급형 프리젠터 시장에서 유일한 대안으로 부상하면서, 단일 모델로 소비자가 기준 7억 원 이상의 매출 신장을 기록한 것이 원인이다.

- 2009년부터 2014년까지 세 번의 독점 유통 채널 변경이 있었지만 독점 모델을 지속적으로 개발해서 기존 2개에서 9개까지 증가시켰고, 해당 기간 동안 6%의 연평균 성장률을 달성했다. 이 역시 제품 다각화의 효과를 보여주는 결과이며, 계속적인 독점 모델의 추가가 없었다면 효과적이고 즉각적인 유통 채널의 교체가 불가능했다. 2018년에는 WP8500 PLUS 모델의 부분변경 신제품이 출시되어서, 전년 대비 350% 성장을 달성하며 전체 채널의 매출액을 견인했다.

- [그림 4.16]에 요약된 바와 같이 고급형 및 얇은 바 타입의 제품을 주로 개발하여 출시했으며, 가격대별로 고르게 제품 라인을 갖추고 있어 주력 마켓인 브랜드몰 및

양판점 등에 입점 및 판촉이 용이했다. JC9000 및 JC8000은 우수한 디자인과 품질에도 불구하고 높은 가격으로 인한 판매량 감소로 2014년에 단종되었고, 부분변경을 거쳐서 2019년에 M사를 통해서 새롭게 출시되었다. WP6000은 기존 공통모델이었으나 2011년에 D사 독점 모델로 전환되어 2015년까지 운영되었고, 제품 수명 주기가 한참 지났음에도 불구하고 독점 모델로 전환 후 3년간 판매량을 유지해서 독점 운영의 효과를 증명했다.

그림 4.16 D/P/C/Y사의 연도별 신규 독점 모델 및 총 독점 모델 변화

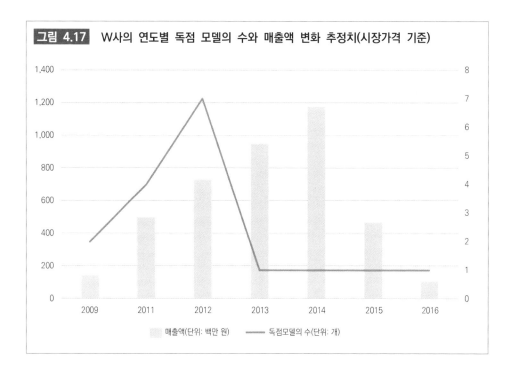

그림 4.17 W사의 연도별 독점 모델의 수와 매출액 변화 추정치(시장가격 기준)

매출액(단위: 백만 원) ─── 독점모델의 수(단위: 개)

- W사는 컴퓨터 관련 제품 전반을 유통하는 대기업으로 HP, ASUS, LG, MS 등의 브랜드를 유통하고 있으며, 3M 프로젝터를 취급하면서 2000년대 후반에 프리젠터의 유통 채널로 합류했다.
- 2009년에 고급형 및 저가형 모델 각 1개씩을 독점 모델로 할당받아 본격적으로 프리젠터 비즈니스에 참여하였으며, 2012년까지 총 7개의 독점 모델을 개발해서 해당 기간 동안 연평균 73%의 성장을 달성했다. 라인 확장을 통한 독점 모델의 증가가 매출액의 증가로 이어진 또 하나의 결과이며, 주로 스틱형 기본형 모델인 WP7200 시리즈와 펜 타입 저가형 모델인 JC2300 및 JC2700의 판매가 상승했다.
- 2013~2014년에는 독점 모델의 수가 감소했지만, JC2300 및 JC2700 모델의 판매량이 큰 폭으로 증가해서 전체 제품군의 매출액 증가를 견인했다.
- W사는 강력한 하부 유통망을 가지고 있었지만 매출액 규모가 크지 않은 프리젠터 비즈니스에 대한 집중도가 부족했고, 이를 타개하기 위해서 2012년부터 아래와 같이 독점 모델의 타 채널 이전을 진행했다.

- WP9200: 2012년부터 M사로 이전
- WP7200S: 2012년부터 2016년까지 M사와 공동 모델로 운영 후, 2017년부터 M사로 이전
- JC2700 & JC2300: 2013년부터 2015년까지 M사와 공동 모델로 운영 후, 2016년부터 M사로 이전
- WP5000: 2012년에 N사와 공동 모델로 운영 후, 2014년부터 N사로 이전
- 이와 같이 시간을 두고 독점 모델의 이전을 진행한 이유는 갑작스러운 계약 관계의 단절로 인한 3M 타 제품군의 W사를 통한 유통 저하를 방지하고, 신규 독점 채널로의 유통 전환을 순차적으로 무리 없이 진행하기 위함이었다.

그림 4.18 W사의 연도별 신규 독점 모델 및 총 독점 모델 변화

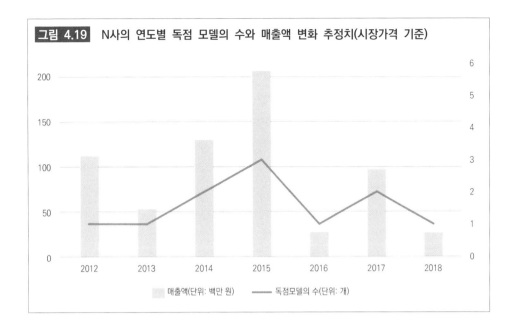

그림 4.19 N사의 연도별 독점 모델의 수와 매출액 변화 추정치(시장가격 기준)

범례: 매출액(단위: 백만 원) / 독점모델의 수(단위: 개)

- 노트북 쿨러를 포함한 노트북 액세서리 및 부품을 주로 판매하는 N사는 자체 브랜드를 보유한 용산에서의 역사가 오래된 유통 업체이며, 2012년에 한 개의 독점 모델과 한 개의 공용 모델을 가지고 3M 프리젠터의 유통을 시작했다.
- N사는 3M 프리젠터의 유통 이전인 2011년에 3M 노트북 쿨러의 두 모델을 상생적 신제품 개발 방안을 이용해서 개발 및 출시한 경험이 있으며, 자사 의견을 반영한 모델 개발 및 독점 유통을 통한 영업 활동 전반에 걸친 자율성에 대해서 만족해 왔다. 이를 토대로 프리젠터 제품군에서도 독점 유통 모델의 할당을 적극적으로 요청해서 독점 유통 채널에 합류하게 되었다.
- 공용 모델인 WP5000은 자동차 키를 모티브로 한 초소형 제품으로 높은 휴대성을 강조하였으나, 작은 크기로 인한 버튼 조작의 불편함과 구매가 어려운 CR2032 배터리의 사용으로 인해서 초도 물량의 판매 이후에 단종되었다. 이로 인해 2013년에는 1개의 독점 모델만이 운영되어 전년 대비 50% 이상 매출이 감소했다.
- 2014년에 WP5000의 리뉴얼 제품을 출시하고 2015년에 알람 기능을 탑재한 신규 독점 모델인 WP7800 PLUS를 추가함으로써, 2013년부터 2015년까지 연평균 98%의 선장을 달성했다.

- 2016년 이후로는 본사 방침에 따라서 신규 독점 모델이 할당되지 못했으며, 이로 인해서 매출이 감소했다. 다만 2017년에는 WP7800 PLUS 및 WP7500 PLUS 제품의 리뉴얼이 진행되어서 전년 대비 두 배 이상의 매출액 증가를 달성했다.
- N사는 프리젠터 제품에 대한 다각화는 다른 독점 유통 채널 대비 충분히 진행되지 못했으나 노트북 쿨러 카테고리에서 4종의 독점 신제품을 상생적 신제품 개발 방안을 통해서 개발해서 2021년까지 유통함으로써, 제품 다각화를 통한 채널의 매출 증가는 달성되었다. 컴퓨터 액세서리에 속하는 인접 제품군에서 다수의 라인 확장 및 브랜드 확장을 통해서 효과적으로 유통 채널을 유지하고 통제한 예로 볼 수 있다.

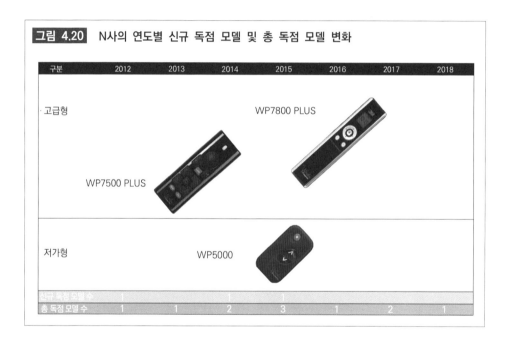

그림 4.20 N사의 연도별 신규 독점 모델 및 총 독점 모델 변화

두 번째 전략은 프리젠터 제품군 내에 하나가 아닌 다수의 독점 유통 채널을 유지함으로써 상호 간에 협력과 견제를 장려하는 코피티션(Coopetition)을 사용하는 것이다. 인접 시장으로 확장을 시작할 때는 채널이 하나만 존재할 수 있지만, 라인 확장을 통해서 제품의 모델이 늘어나면 유통 채널을 추가로 확보할 수 있다. 각각의 채널들은 상생적 신제품 개발을 통해 자사가 희망하는 사양의 제품을 개발하고, 개발된 제품에 대한 국내 독점 유통권을 가진다.

복수의 채널에게 별개의 독점 모델을 가격대 및 기능별로 할당하고, 각 사가 자유롭게 해당 독점 모델의 영업과 유통을 진행한다. 이 과정에서 프레젠테이션 교육 캠페인 등의 3M 프리젠터 전체의 성장을 도모하는 것에는 서로 협력하지만, 개별 모델의 점유율을 높이기 위해서는 서로 경쟁하는 것이 코피티션이다.

3M 프리젠터가 최고 매출을 달성한 2014년 당시의 독점 유통 채널 간 코피티션 및 각 채널의 독점 모델 현황은 다음 [그림 4.21~4.22]와 같다. 3M은 각각의 채널에게 독점 프리젠터 모델들을 제공하고, 4개의 채널은 할당된 모델들의 판매 신장을 위해서 서로 협력 및 경쟁했다.

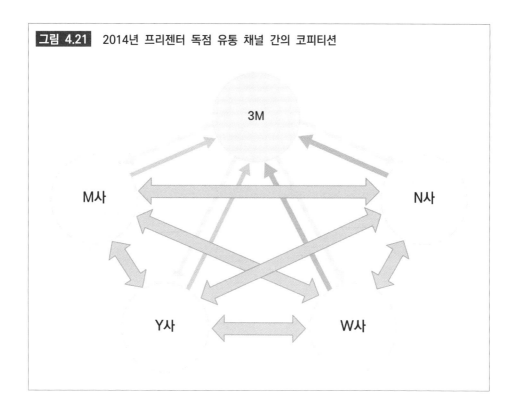

그림 4.21 2014년 프리젠터 독점 유통 채널 간의 코피티션

그림 4.22 2014년 프리젠터 독점 유통 채널별 독점 모델 운영 상황

M사	YJ사	DW사	N사	공용사
				고급형
WP9200	WP8500			
WP7600G	JC9000			
	JC8000			
				기본형
WP8700	WP6000	WP7200S	WP7500 PLUS	
WP8300	JC3500			
WP7000 PLUS	JC3000 SW			
WP6500	JC3000 SB			
WP5700	JC3000		WP5000	WP5000 PLUS
	JC3000 Pink			JC2700
저가형				JC2300
총 7모델	총 9모델	총 1모델	총 2모델	총 3모델

이와 같이 다수의 독점 유통 채널을 통해서 프리젠터 제품을 유통할 경우, 각각의 채널은 보다 많은 독점 모델의 할당과 빠른 제품 리뉴얼 및 마케팅 지원을 위해서 브랜드의 정책에 적극적으로 협조하게 된다. 브랜드의 입장에서는 일부 채널이 이탈해도 다른 채널을 이용할 수 있는 대안이 있으므로, 전체 채널의 유지 및 관리가 단일 채널 체재일 때보다 훨씬 용이하다.

2009년부터 2015년까지 급속도로 제품 라인이 확장되던 시기에는 모든 채널이 추가 독점 모델을 확보하기 위해서 기존 모델의 판매 신장과 더불어 본사의 마케팅 활동에 열성적으로 참여했으며, 실제로 모든 채널의 CEO 혹은 책임자들이 독점 모델의 추가를 지속적으로 요청해왔다. 해당 기간 동안 전체 3M 프리젠터의 매출액이 시장가격 기준 연평균 27% 성장했으며, 이는 코피티션으로 인한 채널 간의 협력과 경쟁이 효과적이라는 것을 증명한다.

세 번째 전략은 활용(Exploitation)을 통해서 낮은 비용으로 신속하게 신모델을 개발하는 것이다. 이는 첫 번째 전략인 다각화를 뒷받침하는 내용이며, 브랜드가 한정된 예산과 인력이라는 제한 요건을 극복하고 다수의 신제품을 개발하기 위한 전략이다. 대부분 색상과 마감, 펌웨어 및 액세서리 변경 등의 마이너한 변화를 통해서 새로운 신제품 혹은 기존 제품의 후속 제품을 빠른 시간 내에 개발해서 시장에 공급할 수 있다. 3M 프리젠터 제품군에서 활용을 통해서 개발된 제품은 다음과 같다.

- 색상의 변경: 특정 고객층을 대상으로 한 색상 변경
  - JC3000 Pink: 여성 고객을 위한 핑크 색상 도입
  - JC3000 SW: 기존 검정색 모델에서 젊은 층과 여성 고객 대상으로 흰색 도입
  - WP8300: 기존 은색에서 직장인 남성 대상으로 검정색 도입

그림 4.23 색상의 변경

[JC3000 Pink & White]　　　[JC3000 SB & SW]　　　[WP8300]

- 제품 마감의 변경: 글로시, 매트, 러버 페인트 적용 등으로 다양화 및 고급화
  - WP5700 PLUS: 기존 러버 페인트 마감에서 러버/글로시 마감으로 변경
  - WP8500 PLUS: 기존 글로시에서 매트 마감으로 변경

그림 4.24 제품 마감의 변경

[WP5700 & WP5700 PLUS]   [WP8500 & WP8500 PLUS]

- 하드웨어의 변경 없이 펌웨어 변경으로 추가 기능 제공
  - WP7200S: 멀티미디어 컨트롤 기능 추가
  - WP5500 PLUS: F5/ESC, Blank 기능 추가

그림 4.25 펌웨어 변경

[WP7200 & WP7200S]   [WP5500 & WP5500 PLUS]

- 레이저 포인터 변경
  - JC9000: 기존 적색에서 그린 레이저로 변경
  - JC2700G: 기존 적색에서 그린 레이저로 변경

그림 4.26 레이저 포인터 변경

[JC8000 & JC9000]   [JC2700S & JC2700G]

- 부분품 변경으로 인한 추가 효용 제공
  - WP8256: WP8000 제품의 리시버에 256MB 메모리 탑재
  - WP8800: WP8000 제품의 리시버에 1GB 메모리 탑재

그림 4.27 부분품 변경

[WP8000]   [WP8256 & WP8800]

- 패키지, 파우치, 라벨, 매뉴얼 개선 및 변경
  - WP8500 PLUS: 블리스터 패키지 및 매뉴얼 개선

그림 4.28 패키지 및 매뉴얼 변경

[WP8500 PLUS 패키지]

[WP8500 PLUS 매뉴얼]

이러한 활용을 통한 신제품 및 후속 제품 개발은 최소한의 비용 투입으로 완전 변경 신제품 못지 않은 판매 증가를 달성했으며, 프리젠터 제품군의 완전 변경 신제품 개발이 금지된 2010년도 후반기에는 기존 제품군의 판매량 유지를 위한 가장 중요한 수단이었다. 2017년 말에 진행된 활용을 통한 부분변경 제품은 5개 모델 평균 전년 대비 67%의 매출액 증가를 달성했다.

표 4.15 **활용을 통한 2018년 부분 변경 모델의 판매 결과 추정치(시장가격 기준)**

모델명		2016	2017		2018	
		리뉴얼 전	리뉴얼 전	성장률	리뉴얼 후	성장률
WP7000 PLUS	매출액(백만 원)			N/A	25	N/A
	판매량(백 개)			N/A	5	N/A
WP5700 PLUS	매출액(백만 원)	661	316	−52%	513	63%
	판매량(백 개)	251	120	−52%	195	63%
WP5500 PLUS	매출액(백만 원)	369	230	−38%	357	56%
	판매량(백 개)	130	90	−31%	140	56%
JC2700	매출액(백만 원)	129	130	1%	158	21%
	판매량(백 개)	30	49.5	65%	60	21%
JC2300	매출액(백만 원)	199	79	−60%	211	167%
	판매량(백 개)	60	30	−50%	80	167%
합계	매출액(백만 원)	1,359	755	−44%	1,264	67%
	판매량(백 개)	471	290	−39%	480	66%

　네 번째 전략은 정보 비대칭을 사용하는 것이다. 상생적 신제품 개발 방안의 특성상 브랜드가 개발을 이끌어 나가고 채널 및 OEM 제조업체의 정보를 통합 관리하므로, OEM 제조업체가 제공하는 제품 설계, 단가 및 MOQ, 리드타임, 부품, 해외 유사 제품 등의 생산 정보는 브랜드를 통해서만 채널에게 전달될 수 있다. 이를 통해서 브랜드는 정보 비대칭을 통한 정보 격차의 우위를 확보할 수 있으며, 유통 채널과 유리한 조건으로 협상하고 이탈 방지 수단으로 사용할 수 있다.

　프리젠터에서는 제조업체의 정보와 더불어 외부 디자인 업체를 통해서 개발하는 디자인 정보 역시 브랜드가 주도적으로 관리하므로 정보 격차가 발생할 수 있다. 기본적으로 디자인 회사는 브랜드의 외주 업체이므로, 디자인 개발시 세부 사항의 변경 및 제조 사양에 맞춘 변화들에 대한 정보를 능동적으로 관리할 수 있다.

　다섯 번째 전략은 브랜드가 디자인, 제품 몰드를 포함한 개발 및 국내 인증 비용을 초기 투자로 부담하는 것이다. 채널 입장에서는 수량 개런티 외에 추가적인 투자가 부담스럽고 디자인 및 인증에 관한 절차를 진행해 본 경험이 없기 때문에, 브랜드가 이런 부분을 전담해서 진행해 주는 것이 강력한 채널 유인 및 안정화의 요인으로 작용할 수 있다.

■ OEM 제조업체 안정화 전략

3M의 프리젠터 OEM 제조업체 안정화 전략은 다음 〈표 4.16〉과 같다.

표 4.16 **프리젠터의 OEM 제조업체 안정화 전략**

프리젠터의 OEM 제조업체 안정화 전략
• 제품 다각화: 지속적인 라인 확장으로 제조업체별 생산 모델 및 수량 증가를 통한 매출액 증가 유도
• 코피티션(Coopetition): 프리젠터 제품군 내에 다수의 제조공장을 유지함으로써 협력과 견제를 통한 로열티 제고
• 활용(Exploitation): 활용을 통한 기존 설비의 사용으로 초기 투자 및 개발 시간 절감
• 정보 비대칭: 국내 소비자, 시장 트렌트, 유통 구조, 채널, 가격 및 국내 경쟁사 등의 정보 우위를 이용
• 계약 및 지적재산권: 한국 시장에 대한 독점 판매권 및 디자인 특허 확보

첫 번째 전략은 라인 확장을 통한 제품 다각화이다. 프리젠터 개발 초기에는 하나의 OEM 제조공장에서 한 개의 모델만을 제조했지만, 지속적으로 추가 제품을 개발해서 제조공장당 생산하는 모델의 수를 증가시켜왔다. 생산 제품의 모델 수가 증가하면 제조공장의 총 생산량과 매출액 및 이익이 당연히 증가하므로 이는 OEM 제조공장을 안정화하는 강력한 수단으로 작용한다. 먼저 가장 많은 제품을 생산해 온 V사의 제품 다각화부터 살펴본다.

그림 4.29 V사의 연도별 제품 생산 모델 수와 매출액 변화 추정치(시장가격 기준)

매출액(단위: 백만 원)　　　생산 모델 수(단위: 개)

- V사는 선전에 위치한 중소 기업이며, 2000년대 후반부터 3M 프리젠터의 OEM 제조를 담당하고 있다. 초기의 V사는 프리젠터 생산을 주력으로 하는 작은 규모의 기업이었으며, 생산품의 품질 관리에도 여러 차례 문제가 발생했다. 해당 문제들을 함께 해결하고 장시간 파트너십을 유지해 온 결과, 현재 가장 많은 제품을 제조 및 공급하는 제조업체로 성장하였다.

- 초기인 2009년에는 3개의 모델만 생산했지만, 2015년까지 총 25개의 신제품을 개발해서 해당 기간 동안 연평균 31%의 성장을 달성했다. 생산량 또한 2009년의 약 1만 5천 개에서 2015년에는 약 7만 개로 늘어나서 연평균 28% 증가했다.

- 2015년까지 생산 모델과 매출 모두 급격히 증가했으나 이후 본사 방침에 따라서 모델의 축소와 더불어 판매량도 감소했다. 2018년과 2023년에 진행한 활용을 이용한 부분변경으로 각각 시장가격 기준 전년 대비 30%와 159%의 성장을 기록했으며, 이는 활용을 이용한 제품 리뉴얼의 좋은 예이다.

- 신모델 개발 중지로 인해서 실제 제품 개발로 이어지지는 못했지만, 프리젠터 개발을 통한 신뢰 관계 구축으로 V사는 지속적인 신제품 제안을 해 오고 있다. V사가 생산해서 중국 및 해외 고객에게 공급하는 계측기기 및 프린터 등의 기기를 공급 제안했으며, 프리젠터와 동일하게 3M의 요구에 맞춘 디자인 및 기술 사양으로 변

경도 가능한 조건이었다. V사가 영세 기업일 때부터 구축한 신뢰 관계가 중견 기업 수준으로 성장한 지금도 효과적으로 유지되고 있으며, 이러한 상호 간의 신뢰는 제조공장 안정화에 필수적인 조건이다.

- 이처럼 계속적인 라인 확장을 통해서 OEM 제조업체의 생산 모델과 수량이 증가된다면 브랜드는 해당 제조업체의 안정화와 통제를 손쉽게 진행할 수 있으며, 프리젠터의 경우에는 2000년대 후반부터 2015년까지 V사를 통한 대량의 라인 확장이 대표적인 예이다. 해당 기간에 출시된 제품의 가격대별 및 연도별 출시 현황은 다음 [그림 4.30]과 같다.

그림 4.30 V사의 연도별 신모델 개발 및 총 생산 모델

구분	2009	2011	2012	2013	2014	2015	2016
고급형		WP7600G	JC9000 JC8000			JC2700G	
기본형		WP7700 WP7800	WP5000 WP7200S WP7200 WP7200 Exp	WP7000 PLUS JC3000 SW JC3000 SB	WP7800 PLUS JC2700S		
저가형		WP5500 JC2000	WP5700 WP5500 PLUS JC3000 JC3000 Pink JC2300 JC2200	JC2700		WP5700 PLUS	
신모델의 수	3	9	6	0	3	4	0
총 생산 모델의 수	3	9	14	10	14	15	12

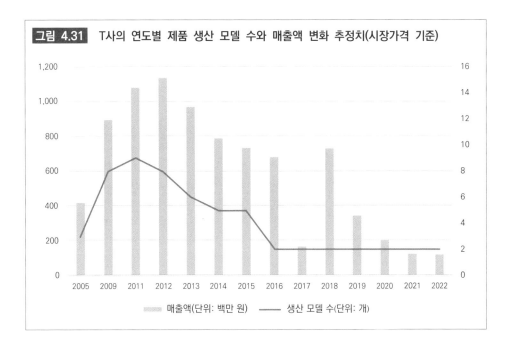

그림 4.31 T사의 연도별 제품 생산 모델 수와 매출액 변화 추정치(시장가격 기준)

매출액(단위: 백만 원)　　생산 모델 수(단위: 개)

- T사는 타이페이에 위치한 대만의 대기업 계열사로서 컴퓨터 부품 및 TV 리모컨 등의 제품이 주력 제품이다. 대만 3M에 한 종류의 프리젠터를 공급하고 있던 것을 계기로 한국 3M에도 2003년부터 WP8000 모델을 공급하기 시작했으며, 생산 공장은 중국 본토에 위치하고 있다.

- 2003년부터 2012년까지 10년간 연평균 42%씩 성장하였으나 2013년부터 비교적 높은 단가로 인해서 신제품 개발이 V사 위주로 진행되고, T사 자체적으로도 주력 제품 위주로 포트폴리오 정리를 진행한 결과 지속적으로 생산 모델 및 매출액이 감소했다.

- 2018년에는 3M 프리젠터 고급형 라인의 대표 제품인 WP8500 제품을 WP8500 PLUS 제품으로 부분변경하면서 전년 대비 339%의 성장을 기록했다. 그 후 최소 주문 수량의 증가와 리드 타임이 늘어나면서 추가적인 부분변경이 진행되지 않았고, 생산량과 매출이 지속적으로 감소했다. T사의 예는 라인 확장을 통해서 OEM 제조공장을 유지할 수 있다는 측면과 더불어, 규모가 큰 제조업체의 이용 시에 직면할 수 있는 문제점도 보여주고 있다.

그림 4.32 T사의 연도별 신모델 개발 및 총 생산 모델

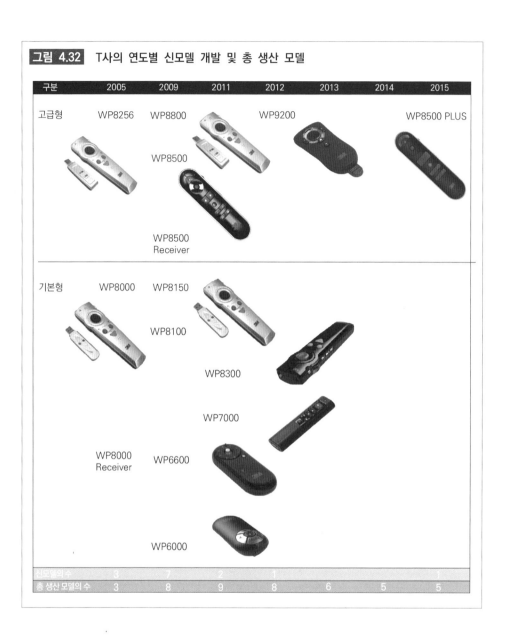

구분	2005	2009	2011	2012	2013	2014	2015
고급형	WP8256	WP8800 WP8500 WP8500 Receiver		WP9200			WP8500 PLUS
기본형	WP8000 WP8000 Receiver	WP8150 WP8100 WP6600 WP6000	WP8300 WP7000				
신모델의 수	3	7	2	1			1
총 생산 모델의 수	3	8	9	8	6	5	5

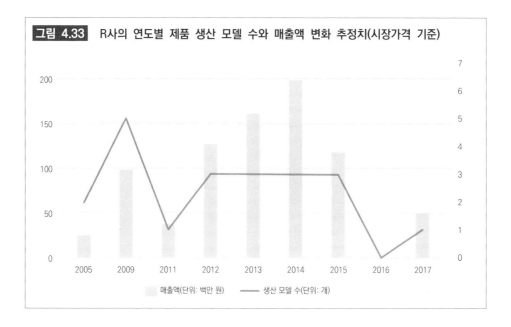

그림 4.33 R사의 연도별 제품 생산 모델 수와 매출액 변화 추정치(시장가격 기준)

- R사는 대만에 위치한 중소 기업이며, 제조공장 역시 중국 본토가 아닌 대만에 있는 OEM 제조업체이다. 대만에 생산 공장을 보유한 또 다른 제조업체인 A사와 동일하게 비교적 높은 품질 수준을 제공하지만, 제품 단가면에서는 중국 생산 업체인 V사 대비 경쟁 열위에 있다.
- 2005년도에 노트북 PCMCIA 슬롯에 삽입이 가능한 카드형 프리젠터인 JC1500 두 모델로 시작해서 2012년까지 총 8종의 신모델을 개발했으며, 2005년부터 2014년까지 10년간 시장가격 기준 연평균 26% 매출 신장을 기록했다.
- 2015년 이후로 신모델 및 부분변경 모델의 출시가 진행되지 않아 매출이 감소하기 시작했으며 2017년도에 전 모델이 단종되었다. 이는 R사가 자발적으로 이탈한 것이 아니라 3M 내부 정책 변경으로 인한 결과이다. R사 역시 2014년까지의 라인 확장을 통한 판매량 증가로 유기적인 협력을 달성했으며, 2017년까지도 상생적 동반자 관계를 유지했다.

그림 4.34 R사의 연도별 신모델 개발 및 총 생산 모델

구분	2005	2009	2011	2012	2013	2014	2015
고급형				WP8700			
		WP7500		WP7500 PLUS			
		WP6500					
		JC7000					
	JC2500						
저가형	JC1500						
	JC1500 PMD						
신 모델의 수	2	4		2			
총 생산 모델의 수	2	5	1	3	3	3	3

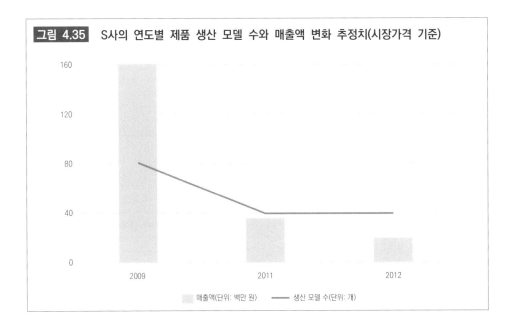

그림 4.35 S사의 연도별 제품 생산 모델 수와 매출액 변화 추정치(시장가격 기준)

매출액(단위: 백만 원) ─── 생산 모델 수(단위: 개)

- S사는 일본에 본사를 둔 중견 기업으로서 최고급형 프리젠터를 생산하는 OEM 제조업체이다. 뛰어난 디자인과 더불어 우수한 마감 수준, 금속 재질의 적용 및 안정적인 품질을 제공하지만 타 제조공장 대비 월등히 높은 제품 단가가 문제였다.
- 2000년대 후반기에 WP9500 및 WP9200의 두 모델을 출시하였으나, 높은 소비자 가격으로 인해서 WP9500 모델은 2010년도에, WP9200 모델은 2012년도에 단종되었다. 라인 확장이 적극적으로 진행되지 못해서 S사와의 협력은 오래 지속되지 못했으며, 이는 근본적으로 국내 시장 요구 사양 대비 고사양의 제품을 고가에 생산하는 S사 자체의 문제에 기인했다.

그림 4.36 WP9500 및 WP9200 프리젠터

[WP9500]　　　　　　[WP9200]

두 번째 전략은 프리젠터 제품군 내에 하나가 아닌 다수의 OEM 제조공장을 유지함으로써 상호 간에 협력과 견제를 장려하는 코피티션(Coopetition)을 사용하는 것이다. 인접 시장으로 확장을 처음 시작할 때는 제조공장이 하나만 존재할 수 있지만, 라인 확장을 통해서 제품의 모델이 늘어나면 제조공장을 추가로 확보할 수 있다. 각각의 제조공장들은 상생적 신제품 개발을 통해 자사가 강점을 가진 카테고리의 제품을 개발해서 한국 시장에 독점적으로 공급한다.

복수의 OEM 제조공장에게 별개의 모델을 가격대, 기능 및 디자인별로 할당하고, 독점 채널의 주문량에 맞추어 제품의 생산을 진행한다. 이 과정에서 3M 프리젠터 전체의 포트폴리오 확장, 제품군의 아이덴티티 확립 및 품질 수준 향상에는 협력하지만, 개별 모델의 생산량을 높이기 위해서는 서로 경쟁하는 것이 코피티션이다.

3M 프리젠터가 최고 매출을 달성한 2014년 당시의 OEM 제조업체 간 코피티션 및 각 제조공장의 생산 모델 현황은 다음 [그림 4.37~38]과 같다. 3M은 각각의 제조공장에게 별개의 프리젠터 모델들을 주문했으며, 4개의 제조공장은 할당된 모델들의 생산량 증대를 위해서 서로 협력 및 경쟁했다.

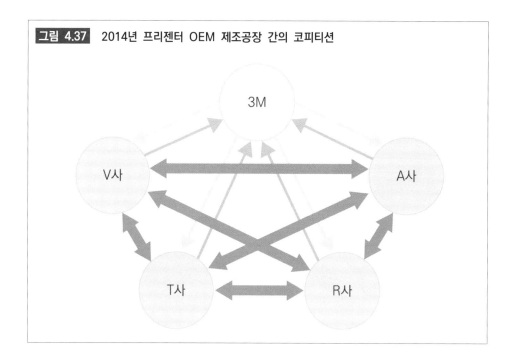

그림 4.37 2014년 프리젠터 OEM 제조공장 간의 코피티션

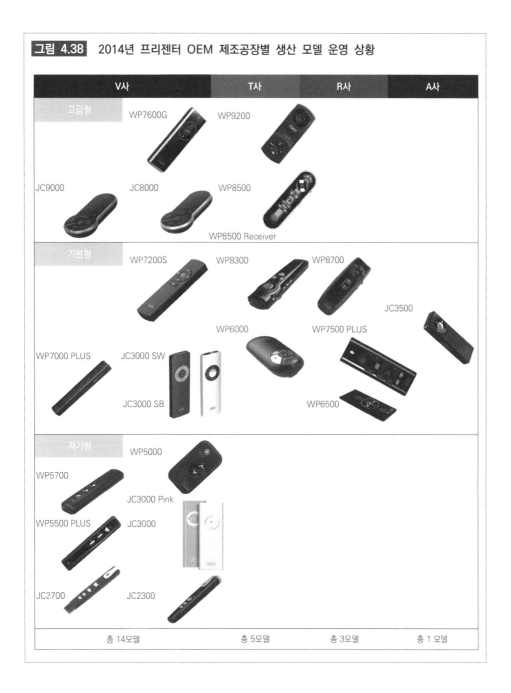

그림 4.38 2014년 프리젠터 OEM 제조공장별 생산 모델 운영 상황

V사	T사	R사	A사
고급형 WP7600G	WP9200		
JC9000 JC8000	WP8500 WP8500 Receiver		
기본형 WP7200S	WP8300	WP8700	JC3500
	WP6000	WP7500 PLUS	
WP7000 PLUS JC3000 SW JC3000 SB		WP6500	
저가형 WP5000			
WP5700 JC3000 Pink			
WP5500 PLUS JC3000			
JC2700 JC2300			
총 14모델	총 5모델	총 3모델	총 1 모델

이와 같이 다수의 OEM 제조공장을 통해 프리젠터 제품을 생산할 경우, 각각의 제조공장은 현재 생산 모델의 수량 증가 및 추가 생산 모델의 할당을 위해서 브랜드의 요청에 적극적으로 협력하게 된다. 브랜드의 입장에서는 일부 제조공장

이 이탈해도 다른 제조공장을 이용할 수 있는 대안이 있으므로 전체 OEM 제조공장의 유지 및 관리가 단일 제조공장 체제일 때보다 훨씬 용이하다.

2009년부터 2015년까지 7년 동안 총 42개의 신제품이 개발되었으며, 이는 연평균 6개의 라인 확장 제품이 출시된 결과이다. 이러한 급속한 모델 확장은 전체 생산 수량의 증가로 이어졌으며, 2009년 총 32,565개 생산에서 2015년 총 84,62개 생산으로 연평균 17%의 성장을 달성했다. 생산 수량의 증가는 곧 매출액 및 순이익의 증가로 이어져 해당 기간 동안 총 5개사의 OEM 업체들은 지속적으로 신모델을 제안하고 3M의 수정 및 개발 요구에 적극적으로 대응했으며, 이는 코피티션으로 인한 OEM 제조공장 간의 협력과 경쟁이 효과적이라는 것을 보여준다.

세 번째 전략은 활용(Exploitation)을 통해서 기존 생산 설비 및 부품을 사용한 신모델을 개발하는 것이며, 이는 개발 시간을 단축시키고 비용을 절감시켜 준다. 짧은 시간에 많은 모델을 출시해야 하는 다각화에 필수적인 요소이며, 색상과 마감, 소프트웨어, 패키지 등의 변화를 통해서 부분 변경 모델을 개발했다. 활용의 구체적인 예는 '채널 안정화 전략'의 활용에서 설명한 바와 같다.

활용을 통한 기존 제품군의 판매량 증가의 또 다른 예는 2023년에 진행된 부분 변경 모델 출시이며, 6개 모델 평균 전년 대비 150% 이상의 판매량 및 매출액 증가를 달성했다.

표 4.17 활용을 통한 부분변경 모델의 판매 결과(시장가격 기준 추정치)

모델		2021	2022		2023	
		리뉴얼 전	리뉴얼 전	성장률	리뉴얼 후	성장률
WP7000 PLUS	매출액(백만 원)	200	220	10%	658	199%
	판매량(백 개)	76	83.5	10%	250	199%
WP5500 PLUS	매출액(백만 원)	140	165	17%	434	164%
	판매량(백 개)	55	64.5	17%	170	164%
JC2700G	매출액(백만 원)	80	67	−17%	228	240%
	판매량(백 개)	12	10	−17%	34	240%

JC2700	매출액(백만 원)	39	42	7%	92	119%
	판매량(백 개)	15	16	7%	35	119%
JC2700S	매출액(백만 원)	43	64	47%	77	20%
	판매량(백 개)	8.5	12.5	47%	15	20%
JS2300	매출액(백만 원)	66	66	0%	105	60%
	판매량(백 개)	25	25	0%	40	60%
합계	매출액(백만 원)	569	623	9%	1,593	156%
	판매량(백 개)	192	212	10%	544	157%

네 번째 전략은 정보 비대칭을 이용하는 것이다. 국내 시장의 소비자 선호와 경쟁사 제품 및 유통 가격 등의 정보는 독점 유통 채널이 브랜드에게 제공하는 것이며, 이를 브랜드가 제품 디자인 및 사양에 반영해서 OEM 제조업체에게 제공한다. 판매 채널 및 하부 유통망, 한국의 제품 인증 시험 및 표시 사항 등에 대한 정보 역시 브랜드가 보유하고 있으므로 제조업체 입장에서는 이러한 정보를 브랜드에 의존할 수밖에 없고 이러한 정보 격차로 인해서 OEM 제조업체의 이탈을 방지하고 보다 유리하게 협상할 수 있다.

실제로 프리젠터 신제품 출시에 필요한 3종의 국내 인증 진행 시에 브랜드가 외부 인증 업체를 통해서 시험을 진행하게 되며, 인증에 필요한 샘플의 제작과 자료의 제출에 많은 역할을 담당한다. 이는 국내 고유의 기술 기준 및 언어 장벽 등의 이유로 OEM 제조업체가 독자적으로 수행하기에는 어려움이 많은 단계이며, 브랜드에 의존할수록 정보격차는 확대된다. 프리젠터 제품 디자인 개발 시에도 브랜드의 협력 디자인 업체를 통해서 진행되므로 브랜드의 정보 통제가 가능하며, 이는 또 다른 정보비대칭의 예이다.

마지막 전략은 계약체결 및 지적재산권 획득이다. 상생적 신제품 개발 방안은 브랜드, 독점 유통 채널 및 OEM 제조공장의 협력으로 신제품을 개발 및 출시하는 것이며, 브랜드가 개발된 제품을 제조공장으로부터 독점 공급받아서 채널이 독점 유통하는 것을 특징으로 한다. 따라서 국내 시장에 유사한 제품이 타 브랜드로 유통될 경우에 독점 유통 채널의 가격 결정권 및 하부 유통망에 손상이 발생하고, 브랜드의 신뢰성에도 타격을 입는다.

이러한 현상을 방지하기 위해 3M 프리젠터는 상생적 신제품 개발 방안을 초기부터 적용하는 경우에는 유사한 디자인이 존재하지 않는 독창적인 모델을 개발하는 것을 우선시했다. 이는 브랜드가 몰드 비용을 투자하는 것을 의미하며, 가장 확실한 유사 디자인 방지책이다. V사와의 협력을 통해서 개발한 JC9000 및 JC8000 모델이 좋은 예다. 또한 유사 디자인이 타 브랜드에서 출시되면, 빠른 시일내에 기존 모델을 단종하고 후속 모델을 출시하는 전략을 취했다.

OEM 제조공장으로부터 국내 시장에 대한 독점 공급에 관한 보증을 받았으며, 이를 통해 해당 공장이 동일 제품을 한국 시장의 타 브랜드에 공급하는 것을 원천 차단했다. 실제로 5개사의 OEM 제조업체는 2003년 프리젠터 비즈니스 시작 이후로 단 한 번도 국내 시장의 타 브랜드로 동일 제품을 공급하지 않았다. 디자인 관련 특허는 프리젠터 제품군에서는 진행되지 않았지만, 3M 프리젠터가 가진 디자인 특징이 유통 채널 및 일반 소비자에게 널리 알려진 점이 타브랜드에게 일종의 진입 장벽으로 작용했다.

(2) 레이저 포인터

레이저 포인터는 적용 상황, 필요 조건, 기회 요인 등 많은 부분이 프리젠터와 유사하고, 확장 제품의 성공 요인도 대부분 동일하다. 3M 레이저 포인터는 2002년부터 LP5000 및 LP900K의 두 모델로 시작했으며, 초기에는 다수의 문구 채널을 통한 유통이 주류였다. 프리젠터를 통한 상생적 신제품 개발 모델이 확립되어 가던 2000년대 후반부터 라인 확장을 빠르게 진행하면서 동시에 문구 채널에의 의존을 줄이고 신규 독점 채널을 사용하기 시작했다.

레이저 포인터 시장 진입 시 경쟁사는 국내 중소 브랜드였으며, 대부분 국내 생산 업체였고 일부 중국 생산품을 수입하는 업체가 존재했다. 소규모 업체가 난립해서 시장을 주도하는 브랜드가 없는 상황이었으며, 프리젠터와 동일하게 미팅 솔루션 시장에서 OHP를 통해 확보한 브랜드 이미지를 이용해서 보완재인 레이저 포인터 시장으로 확장했다. 이후 해당 시장에 유일한 브랜드로 포지셔닝했으며, 상생적 신제품 개발 방안을 본격적으로 적용한 2009년부터 라인 확장을 신속히 진행하여 2013년까지 마켓 리더 포지션을 유지했다.

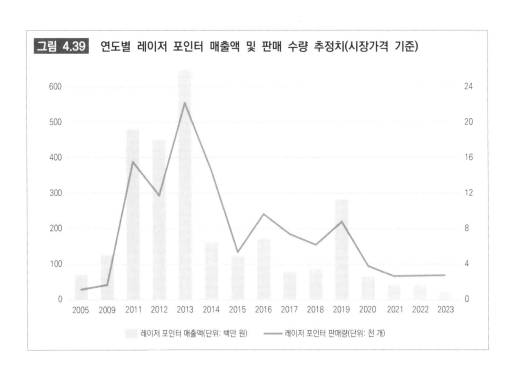

그림 4.39 연도별 레이저 포인터 매출액 및 판매 수량 추정치(시장가격 기준)

레이저 포인터 매출액(단위: 백만 원) ——— 레이저 포인터 판매량(단위: 천 개)

표 4.18 레이저 포인터의 모델별 매출액 변화 추정치(시장가격 기준, 단위: 백만 원)

Model	2005	2009	2011	2012	2013	2014	2015	2016	2017	2018	2019	2020	2021	2022	2023	Total
PM400	0	0	0	0	23	23	11	0	0	0	0	0	0	0	0	56
PM300	0	0	0	0	14	36	11	0	0	0	0	0	0	0	0	61
LP8000 PLUS	0	0	48	134	172	0	19	37	10	14	67	0	7	5	0	513
LP8000	0	0	21	1	0	0	0	0	0	0	0	0	0	0	0	22
LP7000 PLUS	0	0	91	45	118	0	18	22	0	14	36	9	6	5	0	365
LP7000	0	51	45	2	1	1	0	0	0	0	0	0	0	0	0	100
LP6100F	0	0	0	48	0	0	0	3	5	0	8	0	0	0	0	64
LP6000	0	0	48	14	38	1	10	11	0	2	24	5	1	2	0	157
LP5100A	0	0	0	48	0	0	0	2	4	0	12	4	2	2	0	74
LP5000 PLUS	0	0	56	50	100	0	11	19	6	8	45	6	3	3	0	306
NEW LP5000	62	61	60	8	1	1	0	0	0	0	0	0	0	0	0	192
LP3000	0	0	54	22	65	1	11	17	3	4	30	3	1	1	0	212
LP3000G	0	0	0	0	0	0	0	0	0	0	19	13	4	3	0	39
LP1000	0	0	0	44	16	9	8	7	9	6	15	6	2	4	2	127
LP900K PLUS	0	0	10	22	14	2	3	2	3	3	6	3	0	2	0	71
LP-900K	8	14	1	0	0	0	0	0	0	0	0	0	0	0	0	24
LP500	0	0	48	12	82	89	21	47	41	34	21	17	14	13	17	457
	70	126	481	450	646	162	123	170	80	86	282	65	40	40	19	2,840

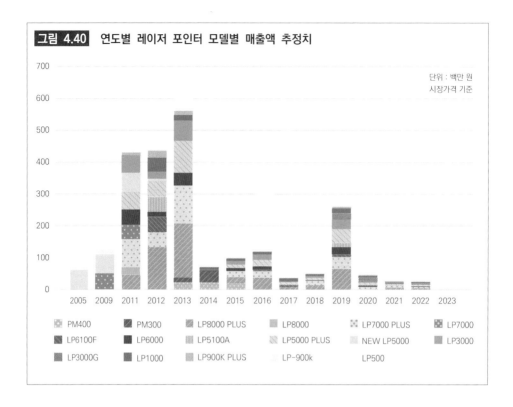

그림 4.40 연도별 레이저 포인터 모델별 매출액 추정치

단위 : 백만 원
시장가격 기준

PM400　PM300　LP8000 PLUS　LP8000　LP7000 PLUS　LP7000
LP6100F　LP6000　LP5100A　LP5000 PLUS　NEW LP5000　LP3000
LP3000G　LP1000　LP900K PLUS　LP-900k　LP500

　레이저 포인터 제품군은 국내 제조업체인 R사를 통해 주로 생산했으며, LP1000 과 LP500 두 모델은 프리젠터의 OEM 제조업체인 V사를 이용했다. 독점 유통 채널로는 프리젠터의 가장 큰 채널인 M사를 동일하게 이용했으며, V사 및 M사는 프리젠터에서 이미 타 채널 및 제조공장과의 코피티션을 통해 경쟁 및 협력하고 있었으므로, 상대적으로 규모가 작은 레이저 포인터 제품군에서 복수의 독점 유통 채널 및 제조공장을 설립할 필요성이 적었다. 레이저 포인터의 제품 개발의 기본 모형은 다음 [그림 4.41]과 같다.

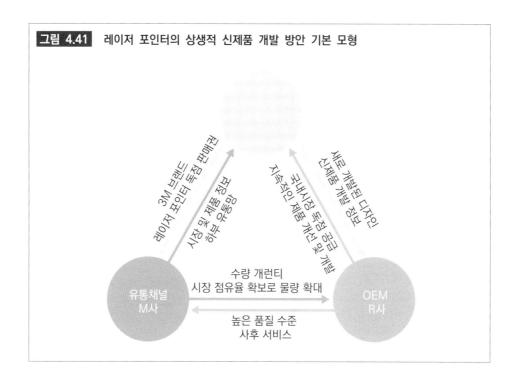

그림 4.41 레이저 포인터의 상생적 신제품 개발 방안 기본 모형

유통채널
M사

OEM
R사

3M 브랜드
레이저 포인터 독점 판매권

시장 및 제품 정보
하부 유통망

새로 개발된 디자인
신제품 개발 정보

국내시장 독점 공급
지속적인 제품 개선 및 개발

수량 개런티
시장 점유율 확보로 물량 확대

높은 품질 수준
사후 서비스

- 3M은 3M 브랜드를 사용한 레이저 포인터 모델의 독점 판매권을 유통 채널 M사에 제공하고, M사는 시장 및 개발 제품 정보와 하부 유통망을 3M에 제공한다.
- 3M은 채널의 요구를 반영한 레이저 포인터 디자인을 외부 디자인 업체를 통해서 개발하고 이를 기술 사양과 함께 OEM 제조업체인 R사에 제공하고, R사는 개발된 제품을 3M에 국내 시장 독점으로 공급하고 지속적인 제품 개선 및 후속 모델 개발을 진행한다.
- M사는 초기 수량 개런티 및 시장 점유율 확보를 통해서 지속적인 발주 수량 증가를 도모하고, R사는 소비자 기대 수준에 부합하는 품질 및 신속한 사후 서비스를 제공한다.

레이저 포인터 제품군의 성공 요인은 다음과 같다.

첫 번째, 진입 인접시장 선정에 성공했다. 기존 주력 제품인 OHP 및 프로젝터가 판매되고 있는 미팅 솔루션 시장에 보완재로 진입했으며, 해당 시장에서의 기존 3M 브랜드 이미지를 성공적으로 활용할 수 있었다. 동일한 시기에 같은 시장으로 확장한 프리젠터 제품군이 급속도로 성장하면서 레이저 포인터 제품군도 시너지 효과를 누릴 수 있었다. 주요 시장 중 하나인 문구 카탈로그 시장에 진입 시에도 OHP, 프로젝터, 프리젠터 제품군과 레이저 포인터가 함께 등록됨으로써 보다 쉽게 진입할 수 있었고, 이는 주요 온라인 시장에서도 동일했다. 이러한 기존제품 및 프리젠터와의 시너지 효과로 초기 인지도 확보에 성공할 수 있었다.

두 번째, 상생적 신제품 개발 프로세스에서 채널 선정에 성공했다. 해당 제품군에 상생적 신제품 개발을 적용하기 전인 2005년도의 채널별 매출액은 아래 그래프와 같다.

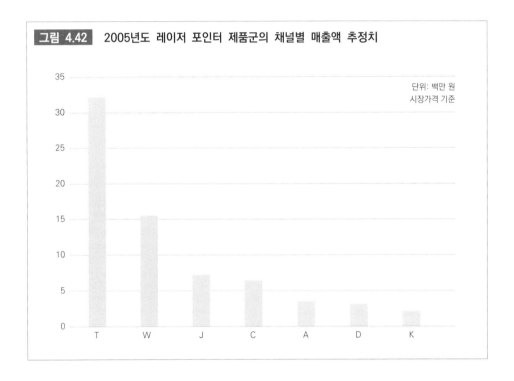

그림 4.42　2005년도 레이저 포인터 제품군의 채널별 매출액 추정치

2005년도에는 LP5000 및 LP900K 두 개의 제품을 7개의 채널이 유통해서 시장가격 기준 총 7천만 원의 매출을 기록했고, 채널당 평균 매출은 천만 원 수준에 불과했다. 7개의 채널 중 T사 및 D사의 2개 문구 채널이 50% 이상의 매출을 담당했고, 프로젝터를 취급하는 3개의 AV 대리점이 18% 점유율을 보였다. 포스트잇, 스카치 테이프, 프로젝터 등의 다른 주력 제품이 있는 채널의 입장에서 미미한 판매량을 보이는 레이저 포인터에 집중할 이유는 당연히 없었고, 구색 제품으로 전락해 성장이 정체되어 있었다.

2009년부터 상생적 신제품 개발의 특징 중 하나인 독점 유통 채널을 도입하기 시작했고, 2013년도에 12개 모델 전부가 M사의 독점 모델로 정리가 완료되었으며 M사 단독으로 시장가격 기준 6억 원 이상의 매출을 기록해서 2005년 대비 약 9배의 성장을 달성했다. 2014년 이후에는 본사 방침으로 제품 정리 수순에 들어가서 지속적으로 매출이 감소했다.

세 번째, 상생적 신제품 개발 프로세스에서 OEM 제조업체 선정에 성공했다. 국내에서 레이저 포인터 제조 경력 및 경험이 풍부한 R사를 주요 OEM 제조업체로 선택해서, 다양한 신제품을 개발하는 과정에서 한 번도 중대한 품질 문제가 발생하지 않았다. 또한 신속한 사후 서비스 제공과 마케팅 캠페인에 대한 협력으로 3M 레이저 포인터의 고객 만족도를 향상시키고, 독점 공급에 대한 사항을 문제없이 준수했다. R사의 대표적인 생산 모델은 다음 [그림 4.43]과 같다.

그림 4.43 R사가 생산하는 레이저 포인터 모델

[LP8000]   [LP7000]   [LP5000]

또 다른 OEM 제조업체인 V사는 프리젠터에서의 협력을 바탕으로 2011년에 LP500 모델을 개발하면서 레이지 포인터의 공급도 시작했다. 기존 R사 제품이 국내 생산으로 인해 고품질에 고가의 제품군 위주였다면, V사는 중국 생산을 통한 낮은 단가를 실현해서 중저가 제품 라인을 공급했다. 이로 인해 3M 레이저 포인터 제품군의 가격대별 폭이 넓어졌으며, LP500 및 LP1000의 두 모델로 2011년부터 2014년까지 약 4만 개의 판매량을 달성했다.

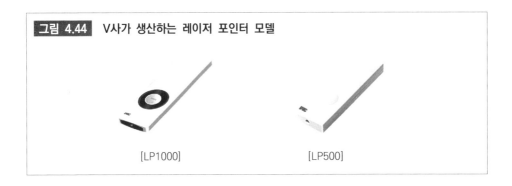

그림 4.44 V사가 생산하는 레이저 포인터 모델

[LP1000]   [LP500]

마지막으로 상생적 신제품 개발을 통한 신속한 제품 다각화이다. 독점 채널인 M사 및 OEM 제조업체인 R사 및 V사와의 협력을 통해서 2002년부터 2019년까지 총 17개의 신모델을 개발 및 출시했다. 2009년부터 2013년까지 4년간 총 14개의 신모델을 출시했으며, 해당 기간 동안 연평균 50% 성장을 달성했다. 2014년부터는 확연한 감소세였으나, 2019년에 마지막 신모델 1종을 출시해서 전년 대비 228% 성장을 달성했다. 이 결과는 신모델 출시와 전체 제품군의 세일이 강력하게 연동된다는 증거이며, 제품 다각화가 레이저 포인터 제품군 성공의 한 요인임을 증명한다. 구체적인 연도별 신제품 수와 시장가격 기준 매출액은 다음 [그림 4.45]와 같다.

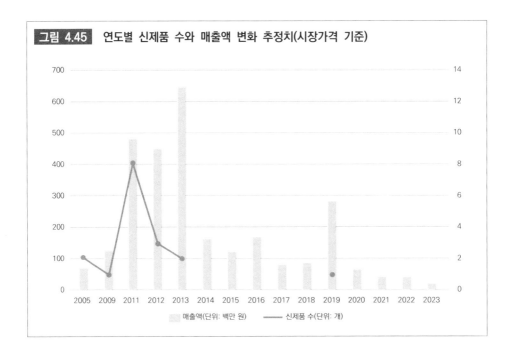

그림 4.45 연도별 신제품 수와 매출액 변화 추정치(시장가격 기준)

■ 매출액(단위: 백만 원) ── 신제품 수(단위: 개)

2. 3M 실패 모델

앞서 살펴본 프리젠터 및 레이저 포인터 제품군은 상생적 신제품 개발 방안의 세 주체인 브랜드, 독점 유통 채널 및 OEM 제조공장이 각자 맡은 영역에서 성공적으로 프로세스를 수행해서 인접 시장에 효과적으로 진입하고 확장 제품을 통한 성장을 달성했다.

이렇듯 성공적인 제품군이 있는 반면에 동일한 상생적 신제품 개발을 진행했지만, 소기의 성과를 거두지 못하고 시장에서 일찍 단종된 제품군도 존재한다. 이번 절에서는 각각의 실패한 제품군에 대해서 실패 원인을 분석함으로써, 성공적인 상생적 신제품 개발 방안을 진행하기 위해 주의해야 할 사항들을 점검한다.

(1) 공구

3M 공구 제품군은 프리젠터 제품군의 최대 독점 유통 채널인 M사와 국내 OEM 제조업체 K사와의 협력을 통해서 2016년에 개발되었다. M사는 프리젠터 및 레이저 포인터 제품군을 상생적 신제품 개발 방안을 통해서 성공적으로 개발 및 유통 중에 있었으며, 기존 유통 경험이 있는 공구 제품군의 개발을 추가로 요청하였다.

3M은 전통적으로 산업용 제품군 시장에서 앞선 기술력과 높은 시장 점유율을 보유해 왔으며, 브랜드 차원에서의 적합한 인접 시장으로 판단되어 진입을 결정하게 되었다. 전동 공구 등의 전문적인 제품 시장은 Hilti, Milwaukee, Dewalt, Bosch, Hitachi, Black & Decker, Stanley 등의 유명 브랜드가 점유하고 있으므로, 간단하고 일반적인 비전동 공구 시장을 목표로 해서 산업 현장뿐만 아니라 일반 사무실과 가정에서도 사용할 수 있는 제품을 개발했다.

OEM 제조업체인 K사는 주력 제품인 PC 케이스를 중국의 자사 제조 공장에서 생산하고 있어서 중국 생산 시설을 보유하고 있고, 기존에 인터넷 강의를 컨트롤 할 수 있는 펜인 Edu mate 및 모니터 액세서리인 메모보드를 상생적 신제품 개발을 통해서 3M에 제조 및 공급한 바 있다. K사가 개발한 두 제품군 모두 안정적인 품질과 더불어 개발 과정 전반에 걸친 빠른 피드백 및 납기일 준수가 달성되었으므로 공구 제품군의 제조업체로 선정되었다. 다만 K사가 직접 제품을 생산하는 것이 아니라, 절강성 소재의 공구 전문 제조업체와 협력해서 제품 개발, 품질 컨트롤 및 사후 서비스 전반을 총괄하는 역할을 수행했다. 이는 2016년 당시 해외 신규 제조업체의 등록이 어려운 3M 내부 사정이 주요 원인이었으며, 검증된 업체가 현지에서 제품 개발을 확인할 필요에 의한 것이었다.

3M 공구는 다음 [그림 4.46]과 같이 7개 제품으로 구성되어 있다.

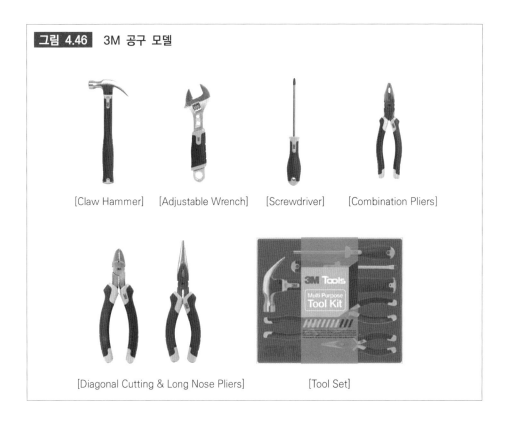

그림 4.46 3M 공구 모델

[Claw Hammer] [Adjustable Wrench] [Screwdriver] [Combination Pliers]

[Diagonal Cutting & Long Nose Pliers] [Tool Set]

산업 현장뿐만 아니라 사무실 등에서도 빈번히 사용되는 공구 위주로 선정하였으며, 드라이버와 망치 및 플라이어류로 구성되어 있다. 또한 필수 공구가 모두 포함된 세트 제품을 출시해서 오피스 카달록을 통한 판매와 더불어 가정용 선물 시장에도 진입하고자 했다.

공구 제품군의 제품 개발 기본 모형은 다음 [그림 4.47]과 같다.

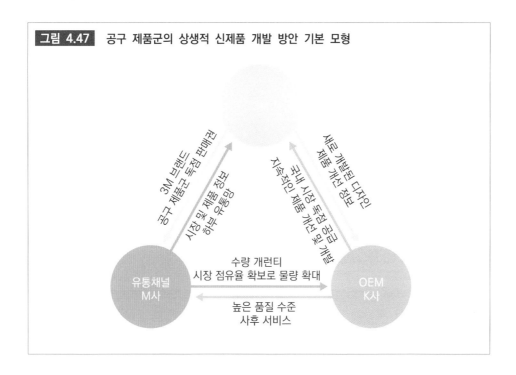

그림 4.47 공구 제품군의 상생적 신제품 개발 방안 기본 모형

- 풍부한 공구 제품 유통 경험을 토대로 M사는 신규 개발 공구의 사양 및 시장 가격 정보를 3M에 제공했다.
- 3M은 해당 정보를 바탕으로 외부 디자인 회사 O사를 통해서 공구 제품의 제품 디자인과 패키지 디자인을 개발했다. 이 과정에 M사 및 K사와의 의견을 충분히 반영해서 시장성과 생산성이 담보된 제품이 생산될 수 있도록 했다.
- K사는 개발된 공구 제품군을 3M에 독점 공급하고, 3M은 3M 브랜드의 공구 모델을 유통 채널 M사를 통해 독점 판매했다. K사는 제품의 생산 및 사후 서비스 전반을 책임지고, M사는 초기 주문 수량을 발주하고 하부 유통망을 통한 판매 및 물량 확대를 도모했다.

공구 제품군의 개발은 시청각 제품부의 제품은 아니지만 3M의 주력 제품 중하나인 연마제 및 산업용 보호구 제품의 브랜드 이미지를 활용하여 해당 제품의 인접 시장으로의 확장을 진행한 경우이며, 인더스트리얼 제품군의 이미지를 활용하기 위해서 [그림 4.48]과 같은 3M 연마제 제품 사진을 패키지에 사용했다.

그림 4.48 **3M 연마제 제품의 이미지**

또한 기존 공구 제품의 투박하고 무거운 이미지에서 탈피하기 위해 제품에 형광 컬러를 적용하고 공구 제품 최초로 PET로 된 투명 패키지를 적용했다. 샴푸나 린스 등의 소비재 제품과 동일한 패키지 및 색상을 적용함으로써, 일반 가정용 공구 시장에도 진입하고자 시도했다.

그림 4.49 **공구 제품의 패키지**

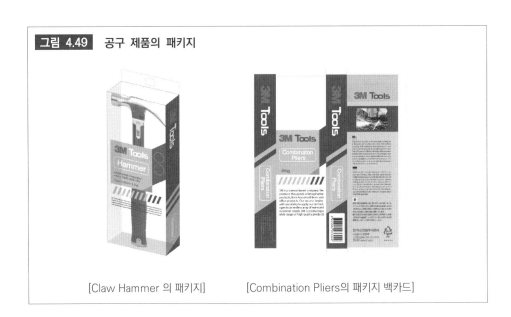

[Claw Hammer 의 패키지]   [Combination Pliers의 패키지 백카드]

공구 제품의 판매 실적은 다음 〈표 4.19〉와 같다.

표 4.19 **공구 제품군의 판매 실적(시장가격 기준 추정치)**

Model		2016	2017	2018	합계
Claw Hammer	매출액(백만 원)	3			3
	판매량(백 개)	3			3
Adjustable Wrench	매출액(백만 원)	3			3
	판매량(백 개)	3			3
Phillips Screwdriver	매출액(백만 원)	3			3
	판매량(백 개)	6			6
Combination Pliers	매출액(백만 원)	3			3
	판매량(백 개)	3			3
Diagonal Cutting Pliers	매출액(백만 원)	2			2
	판매량(백 개)	3			3
Long Nose Pliers	매출액(백만 원)	2			2
	판매량(백 개)	3			3
Tool Set	매출액(백만 원)	11		25	35
	판매량(백 개)	2		6	8
합계	매출액(백만 원)	27		25	52
	판매량(백 개)	21		6	27

개발 후 초기 물량 2,108개가 2016년에 출시되었으며, Tool Set 1종류만 2018년에 560개의 추가 주문이 진행되었고 나머지 6개 단품 모델은 초도 물량을 끝으로 단종되었다. 이와 같이 개발 직후에 단종을 진행하게 된 원인은 제품 불량 때문이었으며, 대표적인 불량은 다음과 같다.

- 플라이어류의 오일 불량
- 피복 및 손잡이 불량

- 플라이어류의 커팅 불량
- 케이스의 하단 및 손잡이 불량

이와 같은 다양한 초기 불량으로 인해서 하부 유통 채널에서 제품 신뢰도의 급격한 하락이 발생하였고, 입고된 제품의 전수 검사 및 수리를 실시하였지만 시장에서의 부정적 이미지를 회복하는 것에 실패했다.

공구 제품의 실패는 아래 상생적 신제품 개발 방안의 프로세스에서 두 번째 단계인 채널 및 OEM 탐색/평가/선정을 제대로 진행하지 못한 것에서 기인했다. 구체적으로 OEM 제조공장의 선정에 실패했으며, 기존 K사가 개발한 Edu mate 및 메모보드의 높은 품질 수준이 공구 제품에 동일하게 적용되지 않은 것이 원인이다.

결과적으로 공구 제조 경험이 없는 OEM 제조업체인 K사를 기존 제품의 개발 결과만 믿고 제조업체로 선정하는 실수가 발생했으며, 이는 상생적 제품 개발 방안의 OEM 제조업체 선정에 있어서 확장 제품에 대한 경험 및 개발 능력을 제대로 검증하지 않은 것에서 유래했다.

그림 4.50 **공구 제품군의 프로세스상 실패 단계**

3M 공구 제품의 개발에서 얻을 수 있는 교훈은 OEM 제조업체의 품질 수준은 개발 제품군에 따라서 상이할 수 있으며, 해당 업체가 전문적인 개발 및 생산 경험을 가지고 있는 제품과 신규로 개발하는 제품의 품질 수준은 완전히 다를 수 있다는 점이다. 제조업체가 직접 생산하지 않고 위탁 생산을 진행할 경우, 이런 문제는 더욱 커질 수 있으며 생산 및 품질 문제가 발생할 가능성이 높다. 따라서 상생적 제품 개발 방안을 주도하는 세 주체 중 하나인 OEM 제조업체를 선정할 시에는 반드시 확장 제품에 대한 기존 생산 이력을 면밀히 검토할 필요가 있다.

(2) 스마트폰 케이스

3M 스마트폰 케이스는 기존 3M 프로젝터 및 프리젠터의 유통 채널인 W사와 국내 OEM 제조업체 H사와의 협력을 통해서 2011년에 개발되었다. W사는 용산에 소재한 유통 대기업으로서 HP, LG, MS, ASUS 브랜드의 컴퓨터 및 IT 관련 제품을 유통하고 있었으며, 2011년에는 4종의 독점 모델을 보유한 프리젠터 독점 유통 채널 중 한 곳이었다. H사는 유무선 공유기를 주로 생산하던 업체였으며, 기존 W사와 오랜 거래 실적이 있는 업체였다.

해당 연도에는 아이폰 4를 필두로 한 스마트폰 시장이 폭발적으로 성장하던 시기였으며, 스마트폰 관련 액세서리 역시 급속도로 매출이 확대되고 있었다. 한국 3M의 터치 사업부에서는 스마트폰 보호필름과 터치 펜을 출시하여 시장 점유율을 확대하고 있었으며, W사에서도 높은 성장률을 보이는 해당 시장에서의 새로운 제품이 필요한 상황이었다.

당시 스마트폰 케이스 시장에서는 다수의 중소 브랜드 제품이 경쟁하고 있었으며, 시장을 주도하는 대중적인 인지도가 높은 브랜드가 없었다. 이러한 전반적인 시장 상황을 고려해서 해당 시장에 진입을 결정하였고, 갤럭시 S2용 케이스인 Natural Grip Shine 개발을 진행하게 되었다.

기존 케이스 제품과의 차별화를 위해서 제품 색상을 비롯한 사양에 주안점을 두었으며, 주요 특장점은 다음과 같다.

- 당시 기준으로 매우 얇은 1mm 두께를 적용한 슬림핏 케이스로 Galaxy S2와 최대한 밀착되도록 설계되어 들뜨거나 벌어지는 현상을 최소화하였으며, 케이스의 두께감을 거의 느낄 수 없도록 제작되었다.
- 고광택의 High Glossy UV 코팅을 적용해서 산뜻하고 고급스러운 색상을 구현했다.
- 사출성형 제조방법을 적용해서 스마트폰 외형에 완벽하게 피팅되어 그립감이 뛰어나다.
- Galaxy S2의 버튼과 카메라, 이어폰 연결부, 내장 스피커, DMB 안테나 등에 정확하게 일치하는 제품으로, 소비자가 해당 버튼이나 단자에 쉽게 접근할 수 있는 최적화된 디자인을 적용했다.
- 8가지의 다양한 색상을 제공하며, 바이올렛, 화이트, 레드 와인 색상은 은은한 펄감을 추가로 적용해서 더욱 럭셔리한 컬러를 구현했다.

그림 4.51 Natural Grip Shine의 모델 라인

Black	White	Violet	Red Wine
Pink	Sky Blue	Green	Yellow

그림 4.52 Natural Grip Shine의 제품 패키지

　　패키지 역시 스마트폰 케이스 제품군에는 적용된 적이 없는 일명 '도시락 케이스' 타입의 블리스터 패키지를 적용해서, 매장 거치의 효율성을 높이면서도 소비자의 시선을 사로잡는 형상으로 제작했다.

　　스마트폰 케이스의 제품 개발 기본 모형은 다음 [그림 4.53]과 같으며, 프리젠터의 모형과 유사하다.

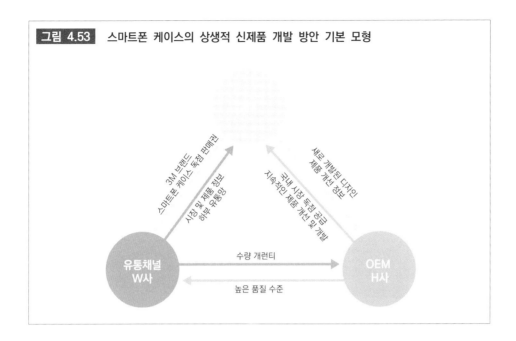

그림 4.53 스마트폰 케이스의 상생적 신제품 개발 방안 기본 모형

- W사는 하부 유통 채널의 정보를 토대로 신규 개발 스마트폰 케이스의 트렌드 및 사양 정보를 3M에 제공했다.
- 3M은 해당 정보를 바탕으로 외부 디자인 회사 O사를 통해서 스마트폰 패키지의 제품 디자인과 패키지 디자인을 개발했다. 개발 과정에 W사가 적극적으로 참여하고 H사의 피드백을 수용함으로써, 판매채널이 원하는 제품을 적정 단가에 생산할 수 있도록 했다.
- H사는 개발된 스마트폰 케이스 제품군을 3M에 독점 공급하고, 3M은 3M 브랜드의 케이스 제품을 유통 채널 W사를 통해 독점 판매했다. H사는 제품의 생산 및 사후 서비스 전반을 책임지고, W사는 초기 주문 수량을 발주하고 하부 유통망을 통한 판매 및 물량 확대를 도모했다.

스마트폰 케이스 제품군의 판매 실적은 다음 〈표 4.20〉과 같다.

표 4.20 **스마트폰 케이스의 판매 실적(시장가격 기준 추정치)**

Model		2011	Total
Natural Grip Shine for GS2	매출액(백만 원)	383	383
	판매량(백 개)	400	400

2011년에 초도 물량 4만 개가 출시되었으나, 이 물량을 끝으로 단종되었다. 단종의 대표적인 원인은 독점 유통 채널에 있었으며, 유통 대기업인 W사는 하부 유통 채널을 전부 활용하지 않고, 단 1개의 하부 채널에게 전적으로 유통을 할당해서 제품 판매를 진행했다. 해당 채널은 IT 기기 판매에 많은 경험을 보유하고 있었으나 스마트폰 케이스 비즈니스는 처음이었고, 적정 시장 유통 가격에 대한 정보 파악에 실패했다. 해당 업체는 전통적인 IT 제품의 유통이 이루어지는 용산 시장을 위주로 정보를 취합했지만, 당시 스마트폰 액세서리가 가장 활발히 유통되는 곳은 영등포 지역이었다.

따라서 해당 하부 채널의 정보를 바탕으로 한 W사의 가격 관련 정보는 실제 시장 가격과는 동떨어져 있었고, 이 입력을 바탕으로 개발된 Natural Grip Shine 제품군의 가격은 3M 브랜드를 감안하더라도 시장 적정 가격 대비 지나치게 높았다. 이 때문에 초도 물량의 소화에도 오랜 시간이 걸렸으며, 3M DI-NOC 브랜드의 카본 필름을 사은품으로 제공하는 등의 프로모션을 통해서 물량 소진을 촉진했다.

상생적 신제품 개발 방안의 특성상 W사는 초도 개런티 물량인 4만 개를 일시에 출고했으므로 판매 부진에도 불구하고 브랜드인 3M의 손실은 추가적인 제품 판매 기회의 상실 정도에만 그쳤으며, 이는 역설적으로 상생적 신제품 개발 방안이 가진 특성인 브랜드 입장에서의 낮은 위험성을 증명한다.

스마트폰 케이스 제품군의 실패는 아래 상생적 신제품 개발 방안의 프로세스에서 두 번째 단계인 채널 및 OEM 탐색/평가/선정에서 기인했다. 구체적으로 채널 선정에 실패했으며, 독점 유통 채널인 W사가 직접 제품을 유통하지 않고 해당 제품에 대한 경험이 없는 하부 채널에 유통을 전담시킨 것이 원인이다.

그림 4.54 스마트폰 케이스의 프로세스상 실패 단계

상생적 신제품 개발 방안

아이디어 창출/ 인접 시장 탐색	채널 및 OEM 탐색/평가/선정	제품 콘셉트, 디자인 개발 및 사업성 분석	채널 및 OEM과 공동 개발	시장 출시	출시 후 관리

스마트폰 케이스의 유통 경험이 없는 하부 채널 A사는 적정 시장 가격 파악에 실패해서 제품 개발 과정에서 잘못된 정보를 제공했고, 결과적으로 높은 가격에 고사양의 제품을 개발하게 되었다. 유통 대기업인 W사가 해당 제품의 판매를 안일하게 생각한 측면이 있었으며, 하부 채널인 A사는 높은 의욕 대비 실질적인 정보 획득에 성공하지 못했다. 개발 제품의 사양과 가격에 대한 정보를 독점 유통 채널에 의존하는 상생적 신제품 개발 방안의 특성상, 이러한 잘못된 시장 정보의 입력은 필연적으로 시장 수요에 부합하지 않는 제품 개발로 귀결된다.

3M 스마트폰 케이스 제품군의 개발에서 얻을 수 있는 교훈은 독점 유통 업체의 선정 시에 유통 업체의 규모가 중요한 것이 아니라, 개발 제품에 대한 실질적인 유통 경험과 지식이 중요하다는 점이다. 대기업이 유통을 전담한다고 할지라도 일부 하부 채널에게 전적으로 판매를 위탁할 경우가 발생할 수 있으며, 이런 경우에는 제품에 대한 전문성보다는 채널 간의 이해 관계에 따라서 독점 채널이 결정될 수 있는 점을 고려해야 한다. 이를 방지하기 위해서 브랜드는 실제 독점 유통 채널이 어떻게 선정되는지를 잘 감독하고, 해당 채널의 신제품 유통 경험 및 능력을 상세히 검증해야 한다.

(3) 인강용 펜 Edu mate

3M Edu mate는 3M 프리젠터의 최대 독점 유통 채널인 M사와 국내 OEM 제조업체 K사와의 협력을 통해서 2013년에 개발되었다. M사는 2013년도에 6개의 독점 모델을 포함한 9개의 3M 프리젠터 모델을 유통하고 있었으며, K사는 2014년에 메모보드, 2016년도에 공구 제품군을 상생적 신제품 개발을 통해서 3M에 공급하였으나 2013년도 당시에는 신규 제조업체였다.

2000년대 후반기부터 급속도로 확산되기 시작한 인터넷 강의는 2010년대 접어들어 더욱 활성화되었고, 프리젠터 시장에서의 성공을 기초로 하여 인터넷 강의

시장에 필요한 하드웨어를 제작해서 판매하자는 아이디어가 도출되었다. 학생들이 온라인 강의를 수강하면서 잠시 영상을 멈추고 필기하는 경우가 많다는 점에 착안해서, 볼펜에 인터넷 강의를 조작 가능한 미디어 컨트롤 기능을 추가한다는 기본 콘셉트가 마련되었다.

K사는 중국에 제조공장을 보유하고 있었고 PC 케이스를 포함한 컴퓨터 관련 제품을 생산하고 있었으므로, 해당 콘셉트의 제품을 제조할 설비와 기술력을 보유하고 있었다. 유통 채널인 M사의 시장 조사 결과를 바탕으로 신제품 개발을 시작했으며, 세 주체인 3M, M사 및 K사의 협력을 통해 개발된 Edu mate 제품의 특장점은 아래와 같다.

- 기존에 존재하지 않았던 인터넷 강의 컨트롤이 가능한 펜
- 학습용으로 특화된 미디어 컨트롤러: Play/Stop, REW, FF 기능
- 유선형의 인체공학적 디자인과 피로도를 최소화한 소프트 그립
- 부드러운 필기감의 고급 볼펜 내장
- 구입이 편리한 AAA 배터리 사용

그림 4.55 Edu mate의 기능 및 배터리

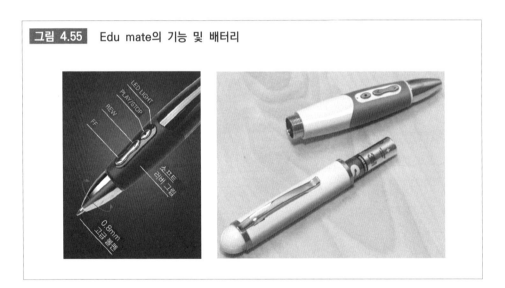

그림 4.56 Edu mate의 모델 라인(EM600W & EM600B)

인터넷 강의 수강 시에 필기하던 자세 그대로 동영상을 조작할 수 있도록 검지로 조작 가능한 위치에 미디어 컨트롤 버튼을 설치했으며, 필기할 내용이 많을 때 사용할 수 있는 일시정지, 잘못 들었을 때를 위한 뒤로 가기 및 아는 내용일 때를 위한 앞으로 가기 기능이 있다.

미디어 컨트롤러를 볼펜과 결합한다는 대표적인 특장점과 더불어 기본적인 기능에도 충실했다. 볼펜으로의 기능도 중요하므로 0.8mm의 시중에서 쉽게 구해 교체할 수 있는 고급 볼펜심을 사용했으며, 손가락의 접촉 면에 부드러운 질감의 소프트 러버 그립을 적용하여 장시간 사용 시에도 편안한 그립감을 제공했다. 또한 3M 프리젠터에 널리 사용되는 마이크로 방식의 수신기를 채택하여 볼펜 본체에 수납이 가능하게 함으로써 수신기 분실 가능성을 줄였으며, 견고한 스테인리스 클립을 적용하여 소비자들이 보다 쉽게 휴대할 수 있도록 했다.

Edu mate는 상생적 신제품 개발 방안을 통해 개발된 다른 제품들과 달리, 세상에 없던 완전 새로운(New-to-the-world) 제품이었다. 적용된 기술은 리모컨이나 프리젠터에 많이 사용되어 일반화된 RF 전송 방식이지만, 이 기술을 사용한 미디어 컨트롤러를 펜과 결합해서 인터넷 강의 전용 상품으로 만든다는 발상은 3M이 처음이었고 실제로 없던 제품 카테고리를 생성해서 처음 출시된 제품이었다.

Edu mate의 제품 개발 기본 모형은 다음 [그림 4.57]과 같다.

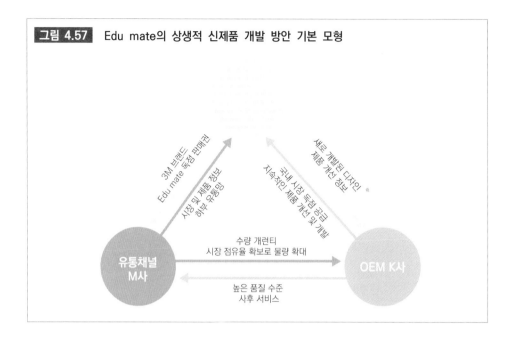

그림 4.57 Edu mate의 상생적 신제품 개발 방안 기본 모형

- M사는 자체 시장 조사 결과를 토대로 Edu mate 제품의 사양과 판매 가능한 가격대 정보를 3M 및 K사에 제공했다. 3M은 해당 제품 관련 특허 정보를 조사하여, 유사 특허가 없음을 확인했다.

- 3M은 M사의 정보를 토대로 외부 디자인 회사 O사를 이용하여 초기 디자인을 개발하고, M사 및 K사와의 지속적인 협의를 통해서 제품 디자인과 사양을 수정해 나갔다. K사는 프로토타입을 개발하고 수정하면서, 생산에 필요한 사항들을 점검하고 이를 디자인에 반영했다.

- 최종 디자인, 사양 및 공급 단가가 결정된 후, 블랙 및 화이트의 두 종류로 실제 개발이 진행되었다. 개발된 모델은 M사에 독점 공급되어 M사는 제품 유통 전반을 총괄했으며, K사는 제품 공급 및 사후서비스를 제공했다.

Edu mate 제품군의 판매 실적은 다음 〈표 4.21〉과 같다.

표 4.21 **Edu mate의 판매 실적(시장가격 기준 추정치)**

모델		2013	2014	합계
Edu mate EM600B	매출액(백만 원)	9	43	51
	판매량(백 개)	2	11	13
Edu mate EM600W	매출액(백만 원)	9	43	51
	판매량(백 개)	2	11	13
합계	매출액(백만 원)	17	85	102
	판매량(백 개)	4	22	26

2013년 말부터 2014년 초에 걸쳐 초도 물량 2,600개가 출고되어 시장가격 기준으로 일억 원의 매출을 기록하고, 이 물량을 마지막으로 단종되었다. 단종의 가장 큰 원인은 진입할 인접 시장 선정의 실패였으며, 세상에 없던 신제품을 소화할 만한 수요가 아직 존재하지 않았다. 기존에 없던 제품이어서 일반 소비자에게 제품을 알릴 필요가 있었지만, 주력 제품인 Privacy Filter에 모든 마케팅 예산이 할당되어 Edu mate 제품을 홍보하고 광고를 진행할 예산이 부족했다.

독점 유통 채널인 M사가 인강용 펜을 대량으로 구매할 가능성이 있는 주요 온라인 교육 업체들을 접촉하고 판매를 시도했으나, 새로운 발상의 제품을 실제로 구매하고자 하는 업체는 없었다. 굳이 새로운 인강용 펜을 사용하지 않아도 기존 고객들을 유인하고 유지하는 것에는 문제가 없다는 판단을 하고 있었고, 이 점이 대량 판매로 이어지는 데 장애 요인이었다.

인강용 펜인 Edu mate는 아래 상생적 신제품 개발 방안의 프로세스에서 첫 번째 단계인 인접시장 탐색과 선정에서 실패했다. 프리젠터의 기술과 연계되어 있고 빠르게 성장하는 시장이었지만, 실제 제품을 수용할 준비가 아직 되어 있지 않은 상황에서 신제품 개발을 진행했다.

Edu mate의 프로세스상 실패 단계

상생적 신제품 개발 방안

아이디어 창출/ 인접 시장 탐색	채널 및 OEM 탐색/평가/선정	제품 콘셉트, 디자인 개발 및 사업성 분석	채널 및 OEM과 공동 개발	시장 출시	출시 후 관리

이러한 오류는 2000년대 초반 3M 시청각 제품부(Visual System Division)가 개발한 Digital Wall Display에서도 발생했다. 당시 OHP 및 OHP Film 시장에서 글로벌로 약 80%의 압도적인 시장 점유율을 가지고 있던 3M은 1995년에 등장한 디지털 프로젝터가 2000년대 초에 급속히 보급되면서 매출이 급락하기 시작했다. 디지털 프로젝터를 Hitachi 등에서 OEM으로 생산해서 출시했으나, 가격 경쟁력 부족으로 상황은 반전되지 않았고, 이런 상황을 타개하기 위해서 본사 차원에서 세상에 없던 신제품을 개발하기 시작했다.

이때 개발된 제품이 Digital Wall Display로 프로젝터와 전자칠판이 하나로 합쳐진 장비이며, 2002년 기준으로 세상에 없던 최첨단 시청각 장비였다. 회의하면서 화면에 메모가 가능하고 이 메모는 전자 파일로 저장되어 회의 후에 참석자들에게 이메일로 발송이 가능한 시대를 앞서가는 장비였으나, 60인치라는 화면 사이즈의 제약, 높은 불량률과 더불어 당시 약 이천만 원이라는 높은 가격이 판매에 걸림돌로 작용했다. 결국 프로젝터 시장을 잠식하지 못하고, APAC에서 가장 많은 판매량을 기록한 한국에서도 50여 대의 판매량을 끝으로 단종되고 말았다.

그림 4.59 Digital Wall Display

이와 같이 높은 기술력과 참신한 아이디어를 반영한 세상에 없던 신제품이라 할지라도 시장이 준비되어 있지 않고 소비자의 니즈에 맞추지 못한다면 성공적으로 판매될 수 없다. Edu mate의 경우 인터넷 강의 시장의 빠른 성장과 제품 콘셉트의 참신함에 매료되어 실제 소지자층의 구매 의향을 과대 평가했으며, 이로 인해 정확한 시장 평가에 실패했다.

Edu mate의 실패에서 얻을 수 있는 가장 큰 교훈은 인접 시장의 선정 시에 실제 타겟 소비자층의 구매력과 구매 의향을 정확히 평가해야 한다는 점이다. 또한 기술력과 제품 콘셉트의 평가에서도 객관적인 시각을 유지할 필요가 있으며, 대안 제품과의 성능 및 가격 비교를 정확하게 수행해야 한다는 점이다.

 ## 3. 타사 적용 가능한 모델

앞서 살펴본 3M의 성공 모델과 실패 모델을 통해서 상생적 신제품 개발 방안을 통해 개발된 제품의 실제 사례를 살펴보았다. 상생적 신제품 개발은 제3장에서 정리한 아래 적용 상황 및 필요 조건이 충족된다면, 3M뿐만이 아니라 타사에도 충분히 적용 가능한 모델이다.

표 4.22 **적용 상황 및 필요 조건 요약**

적용 상황 요약		
브랜드 특성	제품군 특성	시장 특정
• 기존 제품 시장에서 1위 or 2위 차지 • 규모는 작지만 강한 브랜드 • 소수의 개발 전담 인력에 권한 위임 • 실패를 용인하는 조직문화	• 짧은 제품 수명 주기 • 특허에서 자유롭고 대중화된 기술 • 활용을 통한 차별화 가능 • 초기 개발비가 높지 않은 제품 • 최소 주문 수량이 적은 제품	• 기존 제품과의 유사성 • 보완재, 대체재, 대안재로의 확장 • 기술 기준 하향적 브랜드 확장 • 소수의 브랜드 or 비브랜드가 경쟁 • 대기업 진입 방지를 위한 중소 규모

필요 조건 요약		
브랜드	채널	OEM 제조업체
• 기존 제품과 확장 제품 간의 유사성 • 인접 시장 진출 의지 • 해외 OEM 제조업체를 통한 생산 • 기존 채널 제외 및 신규 채널 선정 • 제품 개발 초기 투자	• 확장 제품 시장에서의 유통망 확보 • 확장 제품군에 대한 인사이트 • 새로운 브랜드 도입 의지 • 독점 제품을 통한 주도적 영업 희망 • 시장 변화를 원하는 2위 그룹의 업체	• 가격 경쟁력 있는 해외 생산 업체 • 한국 시장에 미진출 및 독점 공급 • 확장 제품에 대한 경험 및 개발 능력 • 높은 품질 수준 및 AS 제공 • 기술력 있는 중소 규모의 업체

브랜드가 신제품 개발을 주도해야 하므로 브랜드의 적용 상황이 우선 충족되어야 한다. 여러 시장에서 경쟁하는 대형 브랜드보다는 한두 가지 제품 카테고리에서 마켓 리더의 위치를 차지하고 있는 브랜드가 적합하다. 이는 기존 제품의 소비자가 가지고 있는 브랜드의 이미지를 인접 시장의 신규 확장 제품에 적용하기가 용이하기 때문이며, 규모의 측면에서 비교적 빠른 의사 결정이 가능할 수 있기 때문이다. 이러한 측면에서 상생적 신제품 개발 방안을 활용할 수 있는 브랜드 및 제품에 대한 아이디어는 다음과 같다.

체온계는 형태별로 이마 체온계, 귀 체온계, 펜타입 체온계 및 거치형 체온계로 분류되며([그림 4.60]), 각각의 형태별 시장 점유율은 〈표 4.23〉과 같다. 형태별 추정 시장 점유율은 가격 비교 사이트인 Enuri의 체온계 최다 판매 모델의 순위를 기준으로, 1위 모델의 판매량이 10위 모델의 10배이고 판매량은 순위에 정비례하며 1위부터 10위까지의 비율이 11위 이하에서도 동일하게 유지된다는 가정을 토대로 산출되었다.

그림 4.60 체온계의 형태별 분류

[이마 체온계] [귀 체온계] [펜타입 체온계] [거치형 체온계]

표 4.23 체온계의 형태별 판매 현황(가격 비교 사이트 Enuri 기준)

구분	귀 체온계	이마 체온계	펜타입 체온계	거치형 체온계
최다 판매 10위 내 모델 수	6	3	1	0
판매 대수 기준 추정 시장 점유율	73%	25%	2%	1% 미만

　체온계 시장에서 브라운은 오랜 기간 압도적인 점유율로 마켓 리더를 유지해 왔다. 2023년 12월 Enuri 기준, 체온계 최다 판매량 5위 내에 4개 제품이 브라운이며, 형태별 시장 점유율과 동일한 가정을 사용 시 브라운의 전체 체온계 시장 점유율은 약 67%이다.

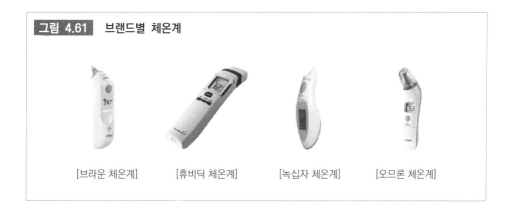

그림 4.61 브랜드별 체온계

[브라운 체온계] [휴비딕 체온계] [녹십자 체온계] [오므론 체온계]

브라운은 면도기로 많이 알려져 있지만, 면도기 시장에서는 필립스를 비롯한 다른 유명 브랜드 제품이 있어서 경쟁이 치열한 상황이다. 반면 체온계 시장에서는 휴비딕, 녹십자, 오므론 등 비교적 인지도가 떨어지는 브랜드가 경쟁자여서, 큰 격차로 최다 판매량을 달성하고 있다.

브라운은 귀 체온계 카테고리에서 압도적인 점유율을 보이는 반면, 이마 체온계에서는 휴비딕에 이은 2위를 차지하고 있고 펜타입 및 거치형 체온계는 출시하지 않고 있다. 약 25%의 시장을 차지하고 있는 이마 체온계에서의 자사 점유율을 라인 확장으로 먼저 증가시켜야 하며, 이를 위해서 현재 공급 중인 BNT400 모델 외에 추가 제품을 신속히 출시할 필요가 있다. 해외에서는 판매 중이지만 국내에는 출시되지 않은 고가의 NTF 시리즈를 공급하는 것도 가능하며, 상생적 신제품 개발 방안을 통해서 가격 경쟁력이 있는 모델을 개발하는 것도 하나의 대안이 될 수 있다.

일반 소비자가 체온계와 비슷한 류의 제품으로 받아들일 수 있는 가정용 의료 측정 기기에는 혈압계가 있다. 혈압계 시장에는 체온계 시장의 브라운과 유사한 압도적인 마켓 리더가 존재하며, 이는 오므론(Omron) 브랜드이다. 오므론은 공장 자동화용 부품, 헬스케어 장비 및 전자 부품을 주력으로 하고 있으며, 헬스케어 장비로는 혈압계, 체온계 및 체지방 측정계 등을 생산하고 있다. 2023년 12월 기준 온라인 가격 비교 사이트인 Enuri의 혈압계 최다 판매량 1위부터 6위까지가 모두 오므론 체온계이며, 다나와 리서치에 의하면 2020년 오므론 혈압계의 시장 점유율은 59%이다.

그림 4.62 브랜드별 혈압계

[오므론 혈압계]   [휴비딕 혈압계]   [녹십자 혈압계]   [카스 혈압계]

그림 4.63　혈압계 최다 판매 모델(Enuri 기준 1~6위)

오므론 HEM-7156
혈압계 팔뚝식:22~42cm 팔뚝형 메모리:60회저장 알림:고혈압 평균치계산 움직임감지 평균실측정 평균치계산 피트커프 불규칙맥파
★ ★ ★ ★ ★ 4.7점(2,240)　등록일 2021.07　↗구독

오므론 HEM-7121J
혈압계 팔뚝식:17~42cm 팔뚝형 움직임감지 커프착용체크 불규칙맥파 디스플레이:LCD 크기:108 x 83 x 140 mm 무게:250g
★ ★ ★ ★ ★ 4.6점(530)　등록일 2022.08　↗구독

오므론 HEM-7140T1
혈압계 팔뚝식 메모리:14회저장 커프착용체크
★ ★ ★ ★ ★ 4.8점(89)　등록일 2023.01　↗구독

오므론 HEM-7142T2
혈압계 팔뚝식:22~32cm 팔뚝형 메모리:14회저장 알림:고혈압 아침고혈압 움직임감지 커프착용체크 불규칙맥파 무게:250g
★ ★ ★ ★ ★ 4.7점(1,403)　등록일 2022.09　↗구독

오므론 HEM-7155T
혈압계 팔뚝식:22~42cm 팔뚝형 메모리:60회저장 아침고혈압 피트커프 불규칙맥파 디스플레이:LCD 무게:340g
★ ★ ★ ★ ★ 4.8점(174)　등록일 2022.11　↗구독

omron 오므론 HEM-7156T
혈압계 팔뚝식:22~42cm 메모리:60회저장 움직임감지 커프착용체크 시계기능 피트커프 불규칙맥파 블루투스연동 스마트콘넥트제공 크기:105 x 85 x 152 mm 무게:340g
★ ★ ★ ★ ★ 4.7점(206)　등록일 2022.08　↗구독

　현재 혈압계 시장의 마켓 리더인 오므론은 이미 체온계 시장에 3개 모델을 출시해서 진입해 있으며, 체온계 시장의 경쟁사인 휴비딕 및 녹십자에서도 혈압계 시장에 진출해 있다. 이처럼 체온계와 혈압계 시장에 동일 브랜드가 다수 존재한다는 사실은 두 시장 사이의 유사성을 증명한다.

　오므론은 혈압계 시장의 대표 브랜드이고 전자부품, 제어설비 등의 다른 장비도 생산하지만, 대중적인 인지도는 높지 않으며 일반 소비자의 브랜드 인지도는 브라운이 훨씬 앞서 있다. 체온계 시장에서의 브랜드 이미지를 활용해서 혈압계 시장에 성공적으로 진출할 수 있으며, 이때 상생적 신제품 개발 방안을 사용한다면 더욱 효과적으로 진입할 수 있다. 브라운이 혈압계 시장에 상생적 신제품 개발 방안을 이용해서 진출할 경우의 적용 상황 및 필요 조건은 다음 〈표 4.24〉와 같다.

표 4.24 브라운 혈압계의 적용 상황

혈압계의 적용 상황

브랜드 특성

- 기존 제품인 체온계가 국내 시장에서 약 67%의 점유율로 압도적인 마켓 리더 포지션
- 면도기 시장에서의 높은 점유율을 통해서 대중적인 인지도 및 우호적인 브랜드 이미지를 보유함
- 브라운 헬스케어 제품은 체온계 외에 의료용 흡인기와 일회용 렌즈필터만 있음: 크기 않은 규모
- 작은 규모로 인해서, 소수의 개발 전담 인력에 대한 권한 위임이 비교적 용이함
- 주력 제품인 면도기와 체온계를 유지하면서 추가로 진행할 수 있어서 실패에 대한 부담이 낮음

제품군 특성

- 대략 2년 정도의 제품 수명 주기를 가지며, 신제품에 대한 선호도가 높음
- 특허로 보호되는 기술이 없으며, 다수의 OEM 제조업체가 생산 가능한 대중화된 기술을 사용하는 제품
- 색상, 제품 마감 및 부분품의 변경, 펌웨어 변경으로 추가 기능 제공 등의 활용을 통한 차별화 적용 가능
- 소형의 제품으로서 일반적으로 상판과 하판의 2개 파트 정도만 신규 몰드로 제작 필요($50K 미만)
- 일반적으로 2K 수준에서 최소 주문 수량과 단가를 설정

시장 특성

- 기존 주력 제품인 체온계와 동일하게 건강 측정 시장을 타겟으로 함
- 기존 제품이 사용되는 건강 측정 시장에서 보다 전문적인 제품으로의 확장
- 체온계와 유사한 기술 수준의 제품으로의 브랜드 확장
- 브라운 대비 브랜드 가치가 낮은 오므론, 휴비딕, 녹십사, 카스 등이 경쟁사임
- 대기업이 진입하기에는 충분히 크지 않은 시장 규모

표 4.25 브라운 혈압계의 필요 조건

혈압계의 필요 조건

브랜드

- 기존 주력 제품인 체온계와 동일한 건강 측정 시장에서 보다 전문적인 제품으로의 확장
- 체온계 시장에서의 높은 점유율을 토대로 인접 시장에 진출해서 추가적인 매출 증대를 도모할 수 있음
- 초기 투자비를 절감하기 위해서 대만의 OEM 제조업체를 이용할 수 있음
- 유사 시장이므로 기존 체온계 채널 중 우수 채널을 독점 채널로 이용 가능 or 신규 채널 도입
- 체온계 신모델 개발을 위한 디자인 및 몰드, 인증비 등 제반 출시 비용의 투자 필요

채널

- 혈압계 시장에서 하부 유통망 및 주요 고객사를 확보
- 혈압계 제품군에 대한 오랜 경험으로 풍부한 제품 지식 및 인사이트를 보유
- 신규 브랜드 도입을 통한 점유율 확대를 희망
- 독점 제품을 통한 자율적이고 주도적인 영업 활동을 희망
- 혈압계 시장의 유통 판도 변화를 원하는 2위 그룹의 업체

OEM 제조업체

- 대만에 본사를 두고 중국에서 생산하는 가격 경쟁력을 확보한 업체
- 현재 한국 시장에 혈압계를 공급하고 있지 않으며, 독점 공급이 가능한 업체
- 혈압계 제품의 생산 이력이 있고, 신제품 개발 능력이 있는 업체
- 기본적인 품질 수준을 달성할 수 있고, 사후서비스 제공이 가능한 업체
- 대형 제조사보다는 한국 인증을 통과할 수 있는 기술력이 있는 중소 규모의 업체

현재 혈압계 시장에서 오므론 제품을 주력으로 취급하지 않고 주도적인 영업 활동을 희망하는 2위 그룹의 채널을 선택해서 독점 유통 채널로 선정하고, 대만에 다수 존재하는 혈압계 생산 업체 중 기술력이 담보되고 한국 시장에 진출하지 않은 업체를 OEM 제조업체로 선택한다. 이후 협업을 통해 초도 제품의 디자인과 사양을 결정하고 제품 개발을 진행한다. 이 과정에서 브라운은 OEM 제조업체를 통한 생산설비 투자비용 절감과 독점 유통 채널의 수량 개런티로 인한 초기 물량 확보를 통해서, 최소한의 투자와 리스크로 단시간에 해당 시장에 진출할 수 있다. 초도 제품이 출시된 후 신속한 라인 확장을 통해서 모델 수와 판매량을 증가시킬 수 있으며, 이 과정에서 OEM 제조업체 및 독점 유통 채널을 추가할 수 있다.

혈압계는 체온계와 유사한 건강 측정 기기에 속하며 실질적으로 오므론 브랜드가

시장을 지배하고 있으며, 시장 전체 사이즈가 삼성, LG 등의 국내 가전 대기업이 진입하기에는 충분히 크지 않으므로 상생적 신제품 개발 방안에서 정의한 시장의 적용 상황에 대부분 부합한다. 기술적으로 체온계 대비 하향적 브랜드 확장은 아니지만, 동일 기술 선상의 제품으로 분류할 수 있으므로 소비자가 충분히 받아들일 수 있는 확장이다.

실제로 3M 시청각 제품부도 상생적 신제품 개발 방안을 통해서 해당 시장으로의 진출을 검토한 적이 있었다. 대만의 여러 OEM 제조업체로부터 체온계 및 혈압계 샘플을 받아서 독점 채널의 후보사와 함께 여러 차례 개발 미팅을 진행했으나, 인증 과정의 어려움과 높은 비용 및 3M 내부 Health Care 부서와의 마찰 우려 등을 이유로 실제 개발로 이어지지는 못했다.

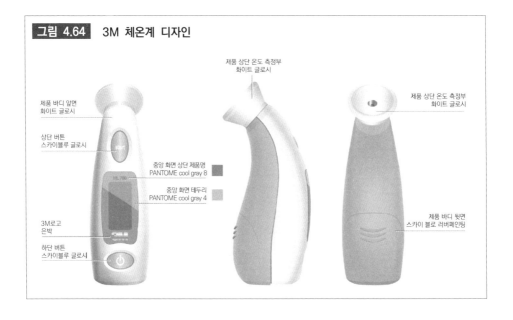

그림 4.64 3M 체온계 디자인

당시 해당 시장을 선정한 이유는 체온계 시장에서는 브라운이 유일한 브랜드였으며, 신제품의 출시나 기존 제품의 리뉴얼 없이 동일 제품으로 수년간 높은 판매고를 올리고 있었기 때문이다. 이 시장에 3M 브랜드로 신제품을 출시하여 진입한 후에 제품 유형별, 기능별 및 가격대별로 라인 확장을 신속히 진행한다면, 3M 브랜드 및 신제품 효과를 통해 일정 부분 시장 점유율을 확보할 수 있을 것으로 예상했다. 동일한 이유로 브라운은 오므론이 유일한 브랜드로 자리매김한 혈압계 시장에 브라운 혈압계를 개발해서 진출할 수 있다.

유사한 인접 시장으로 체중계 시장을 꼽을 수 있다. 현재 체중계 시장의 마켓 리더는 카스로 2023년 11월 기준 온라인 가격 비교 사이트 Enuri 기준, 체중계 최다 판매량 10개 모델 중에 8개가 카스 제품이다. 나머지 두 모델은 휴비딕과 샤오미 제품이며, 오므론도 체중계를 출시했다.

그림 4.65 브랜드별 체중계

[카스 체중계]　　　[휴비딕 체중계]　　　[샤오미 체중계]　　　[오므론 체중계]

체중계의 경쟁 상황은 혈압계 시장과 매우 유사하며, 혈압계의 오므론의 위치를 카스가 차지하고 있고 나머지 경쟁사들은 비슷한 상황이다. 체온계 시장의 경쟁사와도 유사하고 이는 체온계, 혈압계, 체중계가 브랜드 및 제조사 입장에서 유사 시장으로 파악되며, 한 제품의 제조가 가능할 경우에 다른 제품의 생산 역시 큰 기술적 어려움 없이 가능하다는 점을 시사한다.

카스 역시 체중계 시장에서 압도적인 점유율을 보유하고 있지만 브랜드 인지도 측면에서는 브라운에 미치지 못하며, 브라운이 해당 시장에 진입 시 충분히 카스와 경쟁 가능한 브랜드로 포지셔닝할 수 있는 가능성이 있다. 따라서 체중계 역시 브라운 입장에서는 상생적 신제품 개발 방안을 이용해서 확장할 수 있는 인접 시장으로 볼 수 있다.

이처럼 소수의 브랜드가 독과점을 형성하고 있고 지배적인 브랜드의 일반 대중 인지도가 높지 않으며, 대중화된 기술을 사용하고 수명 주기가 짧은 제품이 유통되는 중소 규모의 시장이 상생적 신제품 개발을 가장 효과적으로 사용할 수 있는 환경이다. 확장을 시도하는 브랜드의 의사결정이 신속하고, 확장 제품에 대한 경험이 있는 신규 독점 채널 및 해외 OEM 제조공장을 선정하고 활용할 수 있어야 한다는 점 역시 필수적인 요건이다.

제5장

마치며

제5장

마치며

1. 연구 결과의 요약

상생적 신제품 개발 방안은 기존의 신제품 개발 모델들이 장점으로 주장해 온 고객 및 시장의 니즈를 충실히 반영하면서도, 시간과 비용의 투입을 감소시키고 유통 채널의 적극적인 참여를 통해서 신제품의 초기 실패 위험을 최소화할 수 있는 모델이다. 상생적 신제품 개발 방안의 기본 모형 및 각 주체별 역할은 다음 [그림 5.1]과 같다.

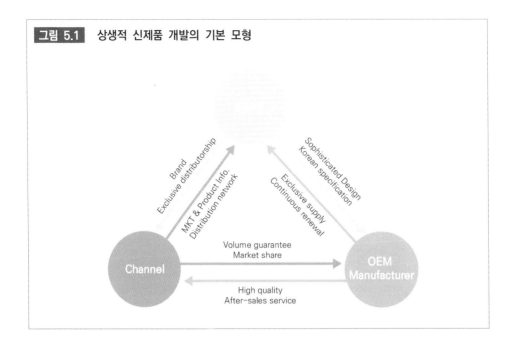

그림 5.1 상생적 신제품 개발의 기본 모형

- 브랜드는 진입할 인접 시장과 독점 유통 채널 및 OEM 제조업체를 선정하고, 디자인 개발 및 초기 투자를 진행하며 전체 개발을 주도한다. 유통 채널에는 브랜드와 더불어 독점 유통 권한을 할당하고, OEM 제조업체에는 시장의 니즈를 반영한 제품 디자인을 제공한다.
- 독점 유통 채널은 확장 개발 제품에 대한 전반적인 정보를 제공하고, 해당 시장에 대한 인사이트를 바탕으로 개발 제품의 사양 및 디자인 결정에 주도적 역할을 한다. 초도 물량 개런티를 통해 안정적인 제품의 개발을 도모하고, 제품의 유통과 판매를 담당한다.
- OEM 제조업체는 제공받은 디자인과 사양에 맞는 제품을 개발하여 한국 시장에 독점으로 공급하고, 제품 품질 및 사후 서비스 보장과 더불어 지속적인 제품 개선을 담당한다. 경쟁력 있는 제품 단가와 더불어 짧은 리드 타임과 제품 공급 스케줄의 정확한 이행을 제공한다.

상생적 신제품 개발의 프로세스는 아이디어 창출/인접 시장 탐색부터 출시 후 관리까지의 6단계로 이루어져 있으며, 기존 신제품 모델 개발 대비 아래와 같은 차이점을 가지고 있다. 각각의 프로세스별 중요 과제와 핵심 플레이어는 [그림 5.2]와 같다.

그림 5.2 상생적 신제품 개발 방안의 프로세스

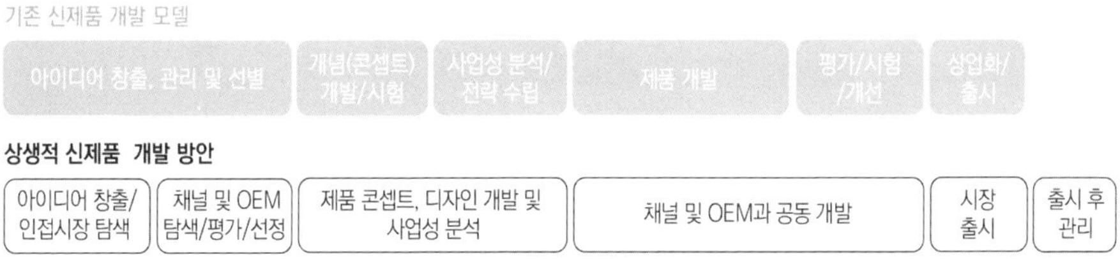

기존 신제품 개발 모델

| 아이디어 창출. 관리 및 선별 | 개념(콘셉트) 개발/시험 | 사업성 분석/ 전략 수립 | 제품 개발 | 평가/시험 /개선 | 상업화/ 출시 |

상생적 신제품 개발 방안

| 아이디어 창출/ 인접시장 탐색 | 채널 및 OEM 탐색/평가/선정 | 제품 콘셉트, 디자인 개발 및 사업성 분석 | 채널 및 OEM과 공동 개발 | 시장 출시 | 출시 후 관리 |

- 아이디어 창출 이후에 유통 채널 및 OEM 제조업체를 먼저 선정한다. 이는 독점 유통 채널이 원하는 사양의 제품을 개발하여 공급하는 상생적 신제품 개발 방안의 특성에 기인한다.
- 개념 개발과 사업성 분석을 동일 프로세스상에서 함께 진행한다. 제품 콘셉트 및 기본적인 디자인 작업을 수행하고, 단가 및 최소 주문 수량을 확인한다. 디자인과 기능의 지속적인 수정을 통해서 제품 사양과 가격의 최적화에 접근하며, 이 과정에서 채널이 사업성 분석을 진행한다.
- 제품 개발을 브랜드가 독자적으로 수행하지 않고, 독점 유통채널 및 OEM 제조업체와 협력해서 수행한다. 제품 개발의 상세한 내용을 공유하며, 유통채널의 요구사항을 적극적으로 반영한다.
- 제품 개발의 전 과정에 걸쳐서 유통 채널이 주도적으로 참여하므로, 제품 개발 이후 출시 전에 진행하는 제품 평가/시험/개선이 불필요하다.
- 초도 제품의 시장 안착과 지속적인 라인 확장을 위해서 출시 후 관리 프로세스가 추가되었다.

그림 5.3 상생적 신제품 개발 방안의 프로세스 별 중요 과제 및 플레이어

프로세스	주요 과제	주요 플레이어			
		브랜드	채널	OEM	디자이너
아이디어 창출/ 인접 시장 탐색	• 현제품 분석: 경쟁사, 브랜드 이미지, 주소비자층 • 브랜드 확장이 가능한 인접 시장 정리 • 인접 시장의 매력도 및 리스크 확인 • 현재 주력 제품과의 지각된 유사성 확인 • 경쟁 제품 및 기술 수준 분석	■			
채널 및 OEM 탐색/평가/선정	• 진입 시장의 주요 채널 정리 • 해외 OEM 제조업체 정보 획득 • 기존 판매 실적 및 제조 실적으로 1차 평가 • 채널 선정: 유통 능력, 초도 물량 확정, 전문성 • OEM 선정: 단가, MOQ, 기술 수준, 국내 독점	■			
제품 콘셉트, 디자인 개발 및 사업성 분석	• 선정된 시장의 세부 분석 • 경쟁 제품 상세 분석 및 벤치마킹 • 진입 세그먼트 및 제품 사양 확정 • 디자인 시안을 통한 제품 단가, 시장성 분석 • 디자인, MOQ, 단가, 출시 계획 확정	■	■	■	■
채널, OEM과 공동 개발	• 제품 사양의 최종 확정 • 생산 효율을 위한 세부 디자인 수정 • 기구 설계 및 제품 몰드 개발 • 제품 패키지 개발 • 제품의 국내 인증 획득	■	■	■	■
시장 출시	• 마케팅 툴 개발: 온라인 제품 이미지 포함 • 하부 채널 샘플링 및 제품 트레이닝 • 제품 수입 및 초도 물량 시장 공급 • 다양한 세부 시장에 제품 등록 • 제품 론칭 프로모션 및 PR	■	■	■	
출시 후 관리	• 제품 제조 및 공급 일정 조정 • 가격을 포함한 마케팅 최적화 작업 • 사후 서비스 설정 및 개선 • 불량 데이터를 근거로 한 제품 개선 • 추후 제품 개발 아이디어 도출	■	■	■	

상생적 신제품 개발 방안이 효과적으로 작동할 수 있는 적용 상황 및 세 주체의 필요 조건은 〈표 5.1〉과 같다.

표 5.1 **적용 상황 및 필요 조건 요약**

적용 상황 요약		
브랜드 특성	제품군 특성	시장 특성
• 기존 제품 시장에서 1위 or 2위 차지 • 규모는 작지만 강한 브랜드 • 신속한 의사 결정 • 소수의 개발 전담 인력에 권한 위임 • 실패를 용인하는 조직문화	• 짧은 제품 수명 주기 • 특허에서 자유롭고 대중화된 기술 • 활용을 통해 차별화 가능 • 초기 개발비가 높지 않은 제품 • 최소 주문 수량이 적은 제품	• 기준 제품과의 유사성 • 보완재, 대체재, 대안재로의 확장 • 기술 기준 하향적 브랜드 확장 • 소수의 브랜드 or 비브랜드 사이의 경쟁 • 대기업 진입 방지를 위한 중소 규모
필요 조건 요약		
브랜드	채널	OEM 제조업체
• 기존 제품과 확장 제품 간의 유사성 • 인접 시장 진출 의지 • 해외 OEM 제조업체를 통한 생산 • 기존 채널 제외 및 신규 채널 선정 • 제품 개발 초기 투자	• 확장 제품 시장에서의 유통망 확보 • 확장 제품군에 대한 인사이트 • 새로운 브랜드 도입 의지 • 독점 제품을 통한 주도적 영업 희망 • 시장 변화를 원하는 2위 그룹의 업체	• 가격 경쟁력 있는 해외 생산 업체 • 한국 시장에 미진출 및 독점 공급 • 확장 제품에 대한 경험 및 개발 능력 • 높은 품질 수준 및 AS 제공 • 기술력 있는 중소 규모의 업체

상생적 신제품 개발을 통해 개발의 세 주체인 브랜드, 채널 및 OEM 제조업체가 가질 수 있는 기회 및 위협 요인은 다음 〈표 5.2〉와 같다.

표 5.2 **기회 요인 및 위협 요인 요약**

기회 요인 요약		
브랜드	채널	OEM 제조업체
• 인접 시장 진출 • 다각화로 매출 증가, 리스크 분산 • 라인 확장 및 다른 인접 시장 진입 • 신규 채널, OEM 공장의 능력 활용 • 브랜드 자산 증가	• 신규 제품 및 브랜드 추가 • 기존 브랜드에 대한 의존도 감소 • 독점 모델을 통한 자율성 확보 • 새로운 세분시장 및 유통망 개발 • 라인 확장으로 판매 모델 증가	• 한국 시장 진출 • 선진 시장의 디자인 및 기술 습득 • 개발된 모델의 타국 수출 • 라인 확장으로 지속적 신제품 개발 • 다른 인접 시장용 제품 제안 및 개발
위협 요인 요약		
브랜드	채널	OEM 제조업체
• 독점 유통 채널의 이탈 • OEM 제조업체의 이탈 • 확장 제품의 품질 및 사후서비스 • 확장 제품 실패 시 브랜드 자산 타격 • 채널 주도 마케팅으로 브랜드 훼손	• 시장 환경 변화로 신제품 론칭 실패 • 초도 물량으로 인한 재고 부담 • 사양, 개발비 및 가격의 최적화 실패 • 경쟁 브랜드의 반격 • 미투 제품의 등장	• 한국 기술 조건 충족 • 지속적인 제품 수정 및 개발 필요 • 납기 일정 준수 • 사후 서비스 제공 • 다른 제조업체의 카피 제품 생산

상생적 신제품 개발 방안을 유지하기 위해서 브랜드가 사용할 수 있는 채널 및 OEM 제조업체를 대상으로 한 안정화 전략은 다음 〈표 5.3〉와 같다.

표 5.3 **브랜드의 안정화 전략 요약**

브랜드의 안정화 전략 요약	
채널 안정화 전략	OEM 제조업체 안정화 전략
제품 다각화: 라인 확장 및 다른 인접 시장용 제품 개발 코피티션(Coopetition): 동일 제품군 내에 다수의 독점 채널 유지 활용(Exploitation): 신모델 개발 시 시간 및 비용 절감 정보 비대칭성: 디자인, 생산 사양 및 제조 정보 초기 투자: 디자인, 개발 및 인증 비용을 브랜드가 부담	제품 다각화: 지속적인 모델 개발로 생산 수량 증가 코피티션(Coopetition): 동일 제품군 내에 다수의 OEM 공장 유지 Exploitation: 기존 설비 사용으로 초기 투자, 시간 절감 정보 비대칭성: 소비자, 채널, 가격 등의 국내 시장 정보 계약 및 지적재산권: 독점 공급 계약 및 디자인 특허

이상과 같은 적용 상황, 필요 조건, 기회 및 위협 요인, 브랜드의 안정화 전략은 상생적 신제품 개발 방안의 프로세스와 밀접하게 연관되어 있으며, 각각의 사항들은 특정 프로세스에서 주도적으로 사용되지만(〈표 5.4〉) 전반적으로 여러 프로세스에 걸쳐서 활용된다(〈표 5.5〉).

표 5.4 **상생적 신제품 개발의 프로세스와 프로세스별 주요 고려 사항**

프로세스	아이디어 창출/ 인접 시장 탐색	채널 및 OEM 탐색/평가/ 선정	제품 콘셉트, 디자인 개발 및 사업성 분석	채널 및 OEM과 공동 개발	시장 출시	출시 후 관리
프로세스별 주요 고려 사항	적용 상황	필요 조건			기회요인 & 위협요인	브랜드의 안정화 전략
	브랜드 특성	브랜드			브랜드	채널
	제품군 특성	채널			채널	OEM 제조업체
	시장 특성	OEM 제조업체			OEM 제조업체	

표 5.5 상생적 신제품 개발의 프로세스와 프로세스별 고려 사항 및 전략

프로세스	아이디어 창출/ 인접 시장 탐색	채널 및 OEM 탐색/평가/선정	제품 콘셉트, 디자인 개발 및 사업성 분석	채널 및 OEM과 공동 개발	시장 출시	출시 후 관리
적용 상황						
브랜드 특성	규모는 작지만 강력한 브랜드		빠른 의사 결정	소수 인력이 개발 전담		실패를 용인하는 조직문화
제품군 특성	짧은 수명 주기, 낮은 MOQ			낮은 개발비, 대중화된 기술		활용을 통한 차별화 가능
시장 특성	기존 제품과 유사한 시장				소수 브랜드 or 비브랜드가 경쟁	
필요 조건						
브랜드	기존 제품과의 유사성	신규 독점 채널 & OEM 업체 선정		제품 개발 초기 투자		
채널		확장 제품 유통 경험 및 능력	확장 제품에 대한 인사이트		독점 제품으로 주도적 영업	
OEM 제조업체		가격 경쟁력 & 독점 공급	확장 제품 개발 경험		고품질 제품 양산	사후서비스 제공
기회 요인						
브랜드					인접시장 진출, 브랜드 자산 증가	라인 확장 & 인접 시장 진출
채널					독점 모델 확보, 신규 브랜드 유통	신규 세분시장 & 유통망 개발
OEM 제조업체					한국 시장 진출, 신규 모델 개발	지속적 신제품 개발
위협 요인						
브랜드					유통 채널 이탈, OEM 업체 이탈	실패 시 브랜드 가치 훼손
채널					사양 & 가격 최적화 실패	초도 재고 부담, 경쟁사 반격
OEM 제조업체				한국 기술 사양 충족	납기 일정 준수	제품 수정 능력, 미투 제품
브랜드의 안정화 전략						
제품 다각화						라인 확장 & 인접 시장 진출
코피티션 (Coopetition)						다수의 채널 & OEM 업체 유지
활용 (Exploitation)				신모델 개발 시간, 비용 절감		라인 확장 시 시간, 비용 절감
정보 비대칭성			소비자, 가격, 디자인 정보	생산 사양 & 제조 정보	유통망 정보	세분시장 정보
초기 투자			디자인 비용	몰드 및 인증 비용		
계약, 지적재산권		독점 공급 계약	디자인 특허			

2. 연구 결과의 시사점 및 향후 과제

　현재 많은 기업들이 신제품의 개발 및 출시에 주력하고 있으며, 상당한 인력과 비용을 투자해서 새로운 제품을 출시하고 있다. 정보 공유가 원활해지고 온라인 시장이 활성화면서 일반 소비자들의 제품 지식 수준이 향상되고 제품 간 비교가 손쉬워졌으며, 이로 인해 대다수 제품의 수명 주기는 과거보다 짧아지고 있다. 이런 현상은 기업들이 신제품 개발에 더욱 집중하게 만들고 있으며, 3M은 4년내 개발한 신제품의 매출이 전체 매출의 30%를 차지해야 한다는 원칙을 가지고 있을 정도이다.

　하지만 많은 자원을 투자해서 만든 신제품 중 상당수는 시장에서 실패를 경험하게 되고, 기업 입장에서는 투자비 대부분을 회수하지 못하고 손실로 부담하게 된다. 제2장에서 살펴본 많은 신제품 개발 모델들은 신제품 성공률을 높이기 위해서 고객 니즈 반영과 초기 개발 활동 및 부서간 협력을 중요시하고, 이를 위해 시장 관련 활동을 포함하고 프로토 타입 제작 및 다양한 인사이트를 취합하는 것을 필요로 한다.

　이러한 활동들은 초기에 더욱 많은 예산과 개발 시간을 필요로 할 수밖에 없고 이는 제품의 출시를 제한된 예산 내에서 신속하게 진행해야 하는 대부분의 기업에게는 실현이 어려운 대안이며, 시장 관련 활동, 프로토타입 제작, 부서 간 협력이 증가할수록 초기 개발 시간도 비례하여 늘어나는 모순에 빠질 수 있다. 해당 활동들이 전체 개발 비용 및 개발 시간을 감소시킬 수 있으나 해당 프로세스가 정확히 수행되지 못한다면 추가적인 부담으로 작용할 수 있다.

　제4장의 프리젠터 개발의 예처럼 현실적인 신제품 개발의 여건은 부족한 예산과 시간내에서 최대한의 효율성으로 개발 및 출시를 달성하는 것이다. 대대적인 소비자 조사를 통해서 고객의 니즈를 파악하고 다수의 프로토타입을 만들어서 고객 테스트를 진행하는 일은 일부 대기업에서 주력 제품을 개발할 경우를 제외하고는 쉽게 접할 수 없는 경우이다.

　사업부의 주력 제품이 쇠퇴하는 상황에서 새로운 성장 동력의 개발을 위해서 OEM으로 제품을 개발하는 과정에서 상생적 신제품 개발 방안의 기본 콘셉트가 태동했다. 기술연구소 직원 1인이 아무런 지원 없이 추가적인 업무로 시작한 상생적 신제품 개발은 여러 시행 착오를 거치면서, 현재의 완성된 모습을 갖출 수 있었다.

상생적 신제품 개발은 소비자의 니즈에 정통한 채널이 초기부터 제품 개발의 전과정에 주도적으로 참여하므로 아이디어의 검증을 위한 프로토타입 제작이 불필요하며, 개발 제품이 고객의 니즈로부터 분리되는 것을 방지할 수 있다. 이러한 독점 채널의 사용은 정확한 고객 니즈의 획득을 가장 신속하고 저렴한 방법으로 가능하게 한다.

또한 독점 유통 채널은 개발 신제품에 대한 초도 물량 개런티를 진행하고 자사가 독점적으로 유통할 수 있으므로, 가장 시장의 니즈에 부합하는 사양의 제품이 개발될 수 있도록 최대한 제품 개발에 협력한다. 많은 채널이 강력히 희망하는 자사만이 유통할 수 있는 제품을 브랜드를 이용해서 개발하고 제공함으로써, 주인의식을 가지고 판매할 수 있는 환경을 제공한다.

이를 위해 독점 유통 채널은 확장 제품을 오랜 기간 취급해와서 해당 제품 및 시장에 대한 풍부한 지식과 인사이트를 가지고 있으며, 하부 유통망을 보유하고 주요 고객사 및 세분시장에 제품을 공급할 수 있어야 한다. 또한 새로운 브랜드를 통해서 신규 마켓에 진입하고 주도적인 영업활동을 통해서 유통 판도의 변화를 도모하는 2위 그룹의 업체가 적합하다. 독점 모델의 할당을 위해서 초도 물량 개런티의 부담을 기꺼이 수용할 수 있는 성장에 대한 열망이 있는 업체를 선정해야 하며, 이러한 조건의 독점 채널을 탐색하고 선정하는 것이 중요하다.

채널의 제품 취급 이력 및 현재 공급 시장은 비교적 쉽게 확인할 수 있지만 브랜드와의 관계에 대한 신뢰성은 파악이 쉽지 않다. 따라서 초기 거래 시에는 초도 물량에 대한 사항을 포함한 제반 조건을 계약에 명시하는 것이 바람직하며, 타 브랜드와의 기존 관계와 딜러망의 평가를 포함한 시장에서의 평판을 점검하는 것도 필요하다.

OEM 제조업체는 주로 해외에 위치한 기술력을 가진 중소 기업이며, 한국 시장에 최초로 제품을 공급하여 신시장을 개척할 수 있다. 브랜드는 앞선 디자인과 기술 사양에 대한 정보를 제공하고 개발된 제품의 해외 수출을 허용함으로써, 보다 적극적인 협력과 초기 개발비의 지원을 가능하게 한다.

이를 위해 OEM 제조업체는 확장 제품에 대한 풍부한 기존 제조 경험을 보유하고 있으며, 브랜드가 제공하는 디자인 및 사양에 맞는 제품을 제조할 수 있는 능력을 보유해야 한다. 또한 경쟁력 있는 생산 단가와 수용 가능한 수준의 최소 주문 수량을 제공할 수 있는 2위 그룹의 업체가 적합하며, 한국 시장에 해당 제품군을 독점적으로 공급할 수 있어야 한다.

제품 출시 이후에도 신속한 제품 개선과 사후 서비스 및 후속 제품 개발이 필수적이므로, 요청에 대한 빠른 피드백과 납기 준수가 가능한 업체를 선정하는 것이 중요하다. 기존 타 브랜드로의 납품 실적과 제품 개발 이력을 통해서 이 부분을 간접적으로 확인할 수 있으며, OEM 업체의 평가 및 선정, 제품 개발 과정에서의 커뮤니케이션을 통해서 해당 업체의 응답성을 점검할 수 있다.

브랜드는 독점 유통 채널을 통해 초도 수량 개런티를 확보함으로써 시장 초기 실패 위험을 획기적으로 줄이고, 해당 개발 제품에 특화된 OEM 제조업체를 통해서 낮은 초기 투자 비용으로 높은 품질의 제품을 개발할 수 있다. 신속하게 신제품을 개발하고 추가로 라인 확장을 진행함으로써, 신시장에 성공적으로 진출하고 별도의 성장 기회를 확보할 수 있다.

이와 같이 상생적 신제품 개발 방안은 브랜드, 독점 유통 채널 및 OEM 제조업체가 서로의 니즈를 충족시키기 위해 협력하는 과정에서, 제품 개발의 효율성과 효과성을 담보하는 프로세스이다. 이는 특정 시장에서 높은 점유율을 가진 브랜드가 인접 시장으로 확장하기 위해 사용할 수 있는 투입 비용 대비 효과적인 신제품 개발 방안이고, 유통 채널 입장에서는 새로운 시장 진입 브랜드와 협력해서 자사가 원하는 모델을 개발하고 독점 유통을 통해 성장할 수 있는 기회이며, OEM 제조업체는 신규로 한국 시장에 진출하여 새로운 고객을 확보하고 앞선 디자인 및 사양에 대한 정보를 획득할 수 있는 계기이다.

상생적 신제품 개발 방안의 세 주체인 브랜드, 독점 유통 채널 및 OEM 제조업체는 해당 모델을 통해서 제한된 예산하에서 신속하게 시장의 니즈에 부합하는 신제품을 개발 및 출시함으로써 인접 시장 진입, 독점 유통 모델을 통한 성장 및 신규 시장 진입이라는 각자의 목표를 달성할 수 있으며, 이는 경쟁사의 전통적인 신제품 개발 방식 대비 높은 효율성을 담보함으로써 지속적인 경쟁 우위를 달성할 수 있다.

무엇보다도 지원이 부족한 상황에서 신제품을 개발해야 하는 많은 브랜드 담당자와 공통 모델 판매로 인해 자율성과 주도성이 제한된 현실을 타개하고자 하는 유통 채널에게 새로운 신제품 개발 기회를 제공한다는 점에서 가장 큰 의의가 있다.

다만, 본 책의 내용에서 한계점도 존재하며, 그 한계점은 다음과 같다. 첫째, 상생적 신제품 개발을 적용할 수 있는 제품군의 범위가 수치적으로 정확하게 규정되지 않았다는 점이다. 미팅 솔루션, 컴퓨터 및 스마트폰 액세서리, 인체공학적 제품군 등이 실제로 개발되었고 적용 상황에서 해당되는 제품의 대략적인 특성을 규정하였으나, 사용되는 기술과 개발비, 수명 주기 및 주문 수량 등에 대한 구체적인 정보는 제공하지 못했다. 이는 제품군마다 해당 조건의 변동 가능성이 있고, 적용 사례가 충분히 확보되지 못했기 때문이다. 향후 과제에서 제품군 별로 적용 조건을 구체적으로 확인해서 보완할 필요가 있다.

둘째, 진입 시장의 시장 전체 특성을 반영하지 않았다. 적용 상황에서 규정한 시장의 조건은 기존 제품과의 유사성, 시장의 사이즈와 경쟁 상황 및 확장 방식에 국한되어 있으며, 해당 시장의 성장률과 제품군이 제품 수명 주기상의 어느 단계에 위치해 있는가에 대한 고려가 생략되어 있다. 예로 든 프리젠터의 경우 상생적 신제품 개발이 성공적으로 작동할 수 있었던 중요한 요인 중 하나는 해당 시장이 성장기에 있어서 빠르게 성장하고 있었기 때문이다. 추후 연구를 통해 시장의 상황에 따른 보다 세분화된 적용 상황과 필요 조건을 확인할 필요가 있다.

마지막으로 상생적 신제품 개발 방안을 통해서 개발된 제품군이 모두 3M이라는 특정 브랜드를 통해서만 출시되었다는 점이다. '4.3 타사 적용 가능한 모델'에서 타브랜드의 적용 가능성을 탐색했지만 실제 개발이 된 제품은 아니므로, 다른 브랜드에서 실제로 적용 가능한지의 여부가 검증되지 않았다. 또한 적용 가능한 브랜드의 조건을 적용 상황에서 규정했지만 수치로 표현할 수 있는 구체적인 조건은 확보되지 않았다. 향후 상생적 제품 개발 방안을 통한 타 브랜드의 제품이 실제로 출시되어서 보다 많은 표본이 확보된다면, 해당 방안의 실효성과 적용 가능한 브랜드의 조건을 보다 구체적으로 확인할 수 있을 것으로 기대한다.

참고문헌

> ## 논문, 보고서 및 도서

Adam M. Brandenburger, Barry J. Nalebuff (1996), "Co-opetition", Currency Doubleday.

A. Ansari, Batoul Modarress (1994), "Quality Function Deployment: The Role of Suppliers", International Journal of Purchasing and Materials Management, Volume 30, Issue 3, pp. 27-35.

Benito Arrunada, Xose H. Vazquez (2006), "When Your Contract Manufacturer Becomes Your Competitior", Harvard Business Review, Sep. 2006.

Brian Myerholtz, Robert Teyelson and Eleanor Wood (2016), "The Design-to-Value Advantage: Developing Winning Products with the Best Economics", Jan. 2016.

C.P.M. Govers (1996), "What and how about quality function deployment (QFD)", International Journal of Production Economics, 46-47, pp. 575-585.

Daniel A. Levinthal, James G. March (1993), "The myopia of learning", Strategic Management Journal, Volume 14, Issue S2, pp. 95-112.

Devi R. Gnyawali, Tadhg Ryan Charleton (2018), "Nuances in the Interplay of Competition and Cooperation: Towards a Theory of Coopetition", Journal of Management, Volume 44, Issue 7, pp. 2511-2534.

George A. Akerlof (1970), "The Market for 'Lemons': Quality Uncertainty and the Market Mechanism", Explorations in Pragmatic Economics, pp. 27-38.

James G. March (1991), "Exploration and Exploitation in Organizational Learning", Organization Science, Volume 2, Issue 1, pp. 71-87.

Jan Henrich, Ashish Kothari and Evgeniya Makarova (2012), "Design to Value: a smart asset for smarter products", McKinsey & Company Operations Extranet, Mar. 2012. pp. 1-7.

Lee et al. (2012), "The alliance innovation performance of R&D alliance-the absorptive capacity perspective", Technovation, Volume 32, Issue 5, pp. 282-292.

Maria Bengtsson, Soren Kock (2000), ""Coopetition" in Business Networks to Cooperate and Compete Simultaneously", Industrial Marketing Management, Volume 29, Issue 5, pp. 411-426.

Maria Bengtsson, Tatbeeq Raza-Ullah (2016), "A systematic review of research on coopetition: Toward a multilevel understanding", Industrial Marketing Management, Volume 57, pp. 23-29.

Michael D'heur (2020), "Design-To-Value: A 5 Step Approach to Build Better Products", Feb. 2020.

Rim Razzouk, Valerie Shute (2012), "What Is Design Thinking and Why Is It Important?", Review of educational research, pp. 330-348.

Robert G. Cooper (1990), "Stage-Gate Systems: A New Tool for Managing New Products", Business Horizons, May-June 1990, pp. 44-54.

Stefanie Dorn, Bastian Schweiger, Sascha Albers (2016), "Levels, phases and themes of coopetition: A systematic literature review and research agenda", European Management Journal, Volume 34, Issue 5, pp. 484-500.

Tim Brown (2008), "Design Thinking", Harvard Business Review, Sep 2008, pp. 3-10.

팀 브라운 (2019), "디자인에 집중하라", 김영사.

허문구 (2015), "개척하는 탐험, 개선하는 활용 장수기업 DNA엔 균형의 미덕이 있다", 동아 비즈니스 리뷰 188호.

국내외 사이트 및 기사

Adobe (http://www.adobe.com)

IDEO (http://www.ideou.com/)

Stanford Design School (http://dschool.stanford.edu)

동아 비즈니스 리뷰 (https://dbr.donga.com)

에누리 (https://www.enuri.com/)

Kbizplan (http://kbizplan.com)

저자 약력

신준철

- 현) 한국쓰리엠 EWS & Security Manager
- 전) 한국쓰리엠 PSB Marketing & Sales Lead
- 전) 한국쓰리엠 기술연구소 연구원
- 전) 코오롱 엔지니어링 엔지니어

- 서강대학교 경영학 박사
- 3M IT Accessories 제품군 개발 및 특허
- 3M Marketing University, Presentation Academy & Presentation University 강사
- 신제품 개발론 및 프리젠테이션 특강(연세대, 서강대, 한국외대 및 다수 기업체)
- 『외국계 회사는 이렇게 프리젠테이션 한다』 집필
- 3M Science Camp 통역

트라이포드 스트래티지(TRIPOD STRATEGY)

초판발행	2025년 1월 5일
지은이	신준철
펴낸이	안종만 · 안상준
편 집	이혜미
기획/마케팅	최동인
표지디자인	BEN STORY
제 작	고철민 · 김원표
펴낸곳	(주)**박영사**
	서울특별시 금천구 가산디지털2로 53, 210호(가산동, 한라시그마밸리)
	등록 1959. 3. 11. 제300-1959-1호(倫)
전 화	02)733-6771
f a x	02)736-4818
e-mail	pys@pybook.co.kr
homepage	www.pybook.co.kr
ISBN	979-11-303-2003-8 93320

정 가   17,000원